林信華———著

2018年的蘭陽平原

那一年我們創造的一場社會運動

五南圖書出版公司 印行

目　錄

雪山隧道通車後，宜蘭從相對封閉的後山轉變成
大台北生活圈，如同世界各國的發展經驗，許多
重大問題在2018年之前已累積出巨大的民怨。
宜蘭新的發展方向，因應民意之所需，也是一個
社會是否順利轉型的關鍵。這個新方向需要透過
社會運動來達成，它必須在政黨惡鬥之外才能重
建政治、經濟、社會與文化秩序。這不只是理論
上的洞見，更是即將展開的實際行動，它結合理
論與實踐的取向試圖改變宜蘭社會。

Contents

土地是改變的起點也是目標，從土地醞釀這場運動的能量正是期望建構一個新的發展方向。徒步在宜蘭233村里行走1840公里所記錄下來的是真實的故事，還有宜蘭人對未來的希望。運動的邏輯一直在進行著，改變社會的不是已經喪失信任價值的政黨，而是來自土地真實的力量。

目　錄

這場運動一直在衝撞的是台灣人民已經習慣的政黨政治，也在考驗鄉親能否如自己所說的可以「超越政黨」。政黨政治雖是民主政治的基礎，在蘭陽平原開展新方向的迫切需求下，由「無黨」重組政黨政治的火花在部分鄉親內心燃起。民主政治是否可以被重新定義與組成，如同歐洲國家在這一世紀試圖想要嘗試的，2018年的蘭陽平原就是一個試驗的場域。

Contents

結合政治的媒體傳播一直以來被台灣人依賴著，同時被高度質疑。人們所看見的世界在某種程度上是由媒體所剪裁出來的，我們一直生活在一個被剪裁過的世界。蘭陽平原要走出一個新方向成為世界區域發展的典範，突破這個舊習慣與世界也是這場社會運動的實際目標。街頭演講作為最原始的理念傳播方式，出現在蘭陽平原當中並且顛覆宜蘭人的感官與認知。它的能量有多大？唯有透過這場試驗，一場在其他區域不容易被執行的試驗。

目　錄

這場社會運動所累積的能量與一開始所設定的實踐目標產生落差。種種指標成為我們對於社會轉變歷程的重要參考，也是蘭陽平原未來發展的借鏡。同時，也在告訴我們，我們所處的社會是甚麼？我們想改變又不容易改變的事情是甚麼？

Contents

2018年在蘭陽平原的社會運動已落幕，這是一
個可以被訴諸文字的圖像，這個圖像加深我們對
蘭陽平原的認識與期待。對於未來的有志之士而
言，其所提供的敘事是理論上的，也是實際上的
參考。

一、序幕

　　宜蘭自雪山隧道通車之後，整個社會環境從相對封閉的後山轉變成大台北生活圈，如同世界各國的發展經驗，宜蘭產生許多重大的問題並在2018年之前已經累積相當大的民怨。宜蘭需要一個新的發展方向，這是因應民意之所需，也是一個社會是否順利轉型的關鍵。這個宜蘭整體發展的新方向更需要一個來自社會本身的社會運動來達成，因為它在政黨惡鬥之外才能重建宜蘭政治、經濟、社會與文化秩序。這不只是理論上的洞見，更是即將展開的實際行動，它結合理論與實踐的取向試圖改變宜蘭這個社會。

2016年秋天，壯圍鄉海邊小村子，鄉親說著「你是誰？」、「你來幹甚麼？」。接著一個年長的鄉親問「你會不會喝紅露？」依稀聽到「乾！乾！乾！」的聲音，這裡是小村子一間廟宇的走廊。

　　「我是佛光大學的教授。」我說。

　　「喝一杯啦，教授。」一個長輩大聲吆喝著。就這樣連喝了三杯紅露，鄉親們覺得這個教授酒量還不錯，很喜歡我，我也很喜歡鄉親。

　　「我準備後年來選宜蘭縣長。」一片熱鬧聲中，我說。

　　晴天霹靂來了，其中一位鄉親大聲說了聲「幹！」。

　　「縣長，如果林聰賢敢來這裡，我一定把他的腿打斷。」

　　「你如果要做縣長，一定不能像他一樣，留一個臭名聲而已，不值得！」他繼續說。

第一次在地方聽到鄉親如此痛罵一位縣長，突然不知怎麼回應。在往後的行腳日子裡，在冬山鄉、在三星鄉、在五結鄉……在宜蘭大部分的角落裡，幾乎都上演了同樣的戲碼。這應該是宜蘭自治史以來，被鄉親罵得最凶最狠的一個縣長，可說是民怨沸騰。過去支持綠營的鄉親對這位縣長相當的失望，蘭陽平原幾乎有一個共識，民進黨要選贏下任的縣長已經非常困難。

　　當然這一定有原因的。林聰賢縣長的為人、能力與作風，我不在這裡做評論，在我從事的社會運動過程中，只做真實的觀察與描述，這裡只是敘事社會的現狀。這個原因可以從一個故事說起，2016年冬天我挨家挨戶拜訪鄉親來到冬山鄉的群英村，一位年紀五十出頭的男子站在家門口，他是一位蓋房子的工人，已經蓋了二十幾年，他說今天星期三，二十幾年來從來沒有在家休息，因為已經有一陣子沒有工作可以做了。話鋒一轉，又指向了林聰賢，他說宜蘭經濟停頓、百業蕭條都是因為他。這位鄉親指的是林聰賢所執行的農地政策讓他沒有錢可以賺，這個鎖鏈效應從營造、五金水電、仲介，甚至到園藝整個頓失市場，當然也包括農民賣不出土地。在之後對蘭陽平原各行各業的持續觀察中，這確實是事實，就仲介業而言，幾乎有近

三分之一已經歇業。

　　林聰賢所引起的民怨確實是相當大，他雖然要阻止農地買賣與農舍興建的過度商業化行為，但鄉親不可能接受，很明白的道理，因為已經影響到大家的生計。特別是鄉親有受騙的感覺，之前進入市場被暗示是有前途的，真正投資下去了，政策驟變，馬上被套牢在原地，鄉親不諒解的是政策的反覆與不透明。再加上鄉親對林聰賢的財團背景有所揣測，一來二往的剝削感更為嚴重，怒氣也隨之高漲。後來林聰賢被升任農委會主委時，很多鄉親不但沒有祝福或者感到是宜蘭的光榮，反而認為是民進黨開始想要挽救選情，才趕快將他調離宜蘭。

　　蘭陽平原中的怒氣是前所未有的，先不論政策的合理與不合理。在這個時候，2018年蔡政府所累積的民怨在當時的宜蘭還沒有開始發酵。在2018年台灣社會發生政治結構的劇烈改變之前，2016年的宜蘭已經在醞釀改變的強大能量。這是創造一個社會運動非常適當的時機與土壤，當然藍營的政治勢力也已嗅到，這時候剛連任羅東鎮長的林姿妙也開始在全縣跑行程，到處握手。只不過現在回想起來，她當時作為一個鎮長怎麼會有全縣的詳細行程，甚至

小到礁溪鄉偏僻山區小土地公廟的活動。政治的利益連結確實很複雜，答案只有當事人知道了。

　　台灣在2000年以後的各種選舉已經種下了一個模式，就是對這一黨有怨氣，就期待另一黨，包括2014年柯文哲當選台北市長也是。另外一面，在野黨也知道執政黨勢必會引起民怨，等她出錯，我就有機會再起，而其實自己也是甚麼都沒改變。記得是2016年的多天，我來到了三星鄉的天福村，在幸福的山水之間走著走著，不知不覺走到一排鐵皮屋，是三間連在一起的鐵皮屋，兩位六十歲左右的鄉親在屋外聊天。

　　我說：「這裡風景很好，好山好水，我們村子的交通方便嗎？有沒有需要解決的問題？」

　　「你有甚麼事？」其中一位鄉親問。

　　「這是我的文宣，我想後年要選縣長替鄉親服務。」我用雙手遞上文宣。

2018年的蘭陽平原
那一年我們創造的一場社會運動

▲圖(一)　部落的孩子牽著我的手說：「你們真好，都有飯
　　　　吃，我們都沒有。」「希望」是社會運動的土壤。

這位鄉親並不認識我，這時候他很生氣地把文宣丟在地上，叫我離開。我只好慢慢走出屋子，邊走邊聽到他罵著：

　　「政黨都是騙人的，不要再來騙了，每次都被你們騙，這一黨換另一黨都一樣，自己撈飽了錢，真是可惡！」

　　在這猶如世外桃源的小村子中，我看到了對政治極端疏離、對政治人物極端厭惡的鄉親。其實我是可以理解的，我跟身邊的學生說，整個蘭陽平原應該不只這兩位鄉親有這樣的反應，當然也是在為學生做心理建設。

　　相對於台北都會區，蘭陽平原確實比較「鄉下」，但有時候也能體會到資訊的強大力量。同樣是2016年的冬天，在三星鄉的雙賢村，在一間獨立的三合院，我在屋外喊著：「有人在嗎？」聽到裡面人說「進來啦，在廚房。」走進去看見三位阿姨在餐桌邊聊天。

2018年的蘭陽平原
那一年我們創造的一場社會運動

「年輕人，天氣這麼冷，來這邊有甚麼事？」其中一位阿姨問我。

我說：「我是大學教授，以前的副縣長，後年要選縣長。」

「不認識，也沒聽過你。」這位阿姨又說。

這時候另一位阿姨很大聲的說：「沒關係，你像那個川普一樣就好，美國對吧？你就會贏！」川普實在很厲害，蘭陽平原小村莊裡的阿姨都知道他。

上面三星鄉這兩個小故事讓我清楚了解到一件事情，年長的鄉親雖然已經習慣政黨政治，但真的也很討厭政黨在亂搞，基本上對政黨已經沒以前那麼期待。只是這矛盾同時存在於內心當中「沒有政黨選不贏啦！」，但也意識到政黨對社會也沒用。這是轉變的可能，所有的轉變就是從這裡開始的，人心思變不就是從這個矛盾點開始的嗎？

其實台灣已經在改變，蘭陽平原已經在改變，我在這片土地當中很清楚地意識到。有很多人說，鄉下年長者的

鄉親是很難被影響的，他們不是投民進黨就是國民黨。但我實際看到的卻不一定是這樣，跟我交心的、跟我勸說的、跟我鼓勵的，大部分都是這些未曾相識的鄉親，反而蘭陽平原的知識分子在2016年幾乎沒有人鼓勵我。也許有人說，他們跟你見面三分情，說說而已。不是的，只有親自下鄉跟他們見面談心的人才有權力說，不是的。雖然2018年年底的結果好像證明，我是錯的，但我仍然要說，他們已經在改變，蘭陽平原已經在改變。在2016年的冬天，我持續在蘭陽平原用雙腳走著，我幾乎已經下定決心，要來創造一場屬於蘭陽平原的社會運動。

　　不知道台北都會區的人們會不會這樣想，蘭陽平原很多鄉親，甚至年輕一輩的會認為從政本來就是會賺錢，而且只要對社會有建設，自己用政治賺一些錢本來就是合理的。這裡有三層意思，一是以前看過的政治人物本來就賺飽飽的，二是根本就不相信政治人物會是清廉的，三是真的認為從政不賺錢那要幹嘛。這是我們真實的社會，沒有截然的對與錯。2017年的初春，我行腳到了五結鄉的上四村，跟一位年輕人在超商門口聊天，他說「當縣長可以賺很多錢，只要不要像那個林百億就好，自己賺飽，還讓農民餓死。」我一下子真的不知道怎麼回應，如果我說我不

是要來賺錢的，他一定不會相信，如果我說合法的錢賺就好，這也不是我從政的初衷。還好他馬上又說，「以前國民黨撈錢還有章法，現在民進黨撈錢完全看自己的辦法。」我又不知道怎麼回應，只能說我一些從政的朋友沒有這樣。在蘭陽平原的天空中，又存在另外一個矛盾，鄉親對政治人物不信任，但對政治人物的清廉與否又給予一個模糊的空間。

但就真實的經歷而言，挨家挨戶行腳到2017年的初春，我在很多村里還是聽到了另外一種聲音。在冬山鄉的中山村、在宜蘭市的黎明里等等，他們真的懷念著陳定南老縣長。這是我碰到很多鄉親所講的，也沒有聽到他們讚賞另外的老縣長。宜蘭被稱為民主聖地，四十年前，黨外的菁英與志士在國民黨威權統治之下，把陳定南扶起來當無黨籍的縣長，這是台灣民主政治史上的新頁。鄉親是懷念過去黨外的宜蘭，那時候沒有包袱，加上清廉執政，讓宜蘭領導台灣幾乎三十年的時間。雖然後來的民進黨執政也為宜蘭締造了佳績，但鄉親很清楚，真正宜蘭的社會力量是這個黨外的精神。民進黨的執政在近十年其實也讓鄉親有所質疑。我很清楚，鄉親希望台灣可以看見民主聖地的再起，讓宜蘭再次領導台灣的發展。這也是新興社會運動的土壤，讓民權再次取代黨權來榮耀宜蘭。

行腳來到2017年2月，我下定決心要在宜蘭找到最為純淨的力量，為宜蘭找出一個新的方向，特別是在2006年雪山隧道通車以來的宜蘭。我決定要為台灣，為宜蘭締造一個真正的社會運動，也在當月10日宣布以無黨籍參選宜蘭縣縣長。在整個局勢的沙盤推演下，設定的競爭對手也是民進黨的陳歐珀與國民黨的林姿妙。在當時對局勢的設定之下，這場社會運動是有勝算的。主要的原因也是來自基層的觀察與歸納，鄉親普遍認為陳歐珀不可能會贏，我在蘭陽平原碰到的十個鄉親當中，幾乎有八個鄉親跟我這樣說。陳有他的優點，但很奇怪的是他的印象已經定型，而且是鄉親不喜歡的型。在未來的選戰當中，我判斷不管他再怎麼努力，也很難突破這個型態。另外，林姿妙是比傳統國民黨還傳統的政治人物，能力相當有限。記得我在擔任副縣長時，她是縣議員，同事之間彼此其實相當的了解。那時，我很清楚以她的財力，未來必定會代表國民黨出征。

　　無黨籍的參選在蘭陽平原會不會有空間，不論答案是甚麼，這場社會運動已經啟動。這除了是一場選舉之外，其實更根本的是要解構傳統政治勢力的一場社會運動，只有在這個解構的過程中，蘭陽平原才會有一個新的方向出

▲圖(二)　在蘭陽平原生活大半輩子的阿嬤,特別期待看到
年輕的候選人。

來，不然只會是在一黨換一黨的循環中流失掉宜蘭的光榮。那時，我跟我集結起來的志士說，這是一場試驗，一場寧靜革命。結果當然重要，但過程也是很重要。這場社會運動沒有財團的支持，沒有傳統樁腳的運作，賭的是人心的轉變與否，賭的是宜蘭能否再次領導台灣的發展。一位宜蘭市的里長跟我說，「教授，不論你的結果會是甚麼，但我可以斬釘截鐵地說，你一定會贏得宜蘭人的尊重。」這句話，我從當時就記在心中，直到現在。

在大學教書二十年，深知台灣社會存在著很多危機，特別是台灣未來的競爭力。台灣人很多都知道台灣在內耗，其實在一些關鍵時刻也想改變現狀，2014年柯文哲勝選台北市長，2018年韓國瑜當選高雄市長，在某種角度都是這樣的反應。但我還是要說，我所從事的這場社會運動更為困難，其性質也跟這兩個例子有所不同。這兩個例子的根本因子還是黨，雖然政治板塊發生明顯的變化。我要回到的地方不是黨，而是台灣最為原始的社會力量，所要挑戰的不只是另一個黨，而是所有的黨。我要戰勝的不是只有一個黨，而是解構現有的政治勢力，所面臨的挑戰是前所未有，決勝的關鍵真的只有人心的覺醒。政黨政治是在原有社會秩序當中發展出來的，但就古今中外的經常法

則而言，政黨在一個社會存在太久，都會變成阻礙社會健康前進的因素，當然如果走到這一時刻，政黨也將被取代甚至泡沫化。當大家已經習慣政黨政治時，要將政治秩序拉回到無黨，這是一場政治勢力的重組，只有透過回到最原始力量的社會運動，才有可能實現，當然這也是最為困難的。

在這一場社會運動中，究其實並沒有一定要被消滅的敵人，基本上他們都只是原有的勢力而已，這個社會現實只是原有的社會秩序。他們只是現有的勢力，我並不認為他們就是不好的或者錯的。社會運動不是要消滅對方，而是在轉變局勢與結構而已，大家都還是平等的公民。民主社會跟以前不一樣，社會運動不是一場要消滅對方的革命，而是改變結構的寧靜革命。改變之後，新秩序中的大家都是平等的公民。這需要足夠的能量，當它還沒來臨之前，唯一的動力就是信念與意志。2017年很多宜蘭鄉親都跟我說，我是一個很有勇氣的人。而這個過程其實也是一種修行，其所發生的事情也是人生當中值得回憶的紀錄。記得在冬山鄉珍珠村的省道上，一間間店面拜訪著，突然有一輛計程車跟在我們後面，在某一家店面前停下來，把四個車門與後車箱都打開，接著把車子的音響放到最大

聲，是大悲咒，他說要跟我們一起來淨化人心。

　　對於這場社會運動，在局勢與策略的分析上，是大有可為的，但在2017年的蘭陽平原中，大多鄉親並沒有信心，但也許是純樸與熱情的關係，很多也抱持鼓勵的態度。如果說我的團隊都有信心，那也不是真的。一個糧草短缺的軍隊，在集團諸侯的環峙下，要做長期的行軍是相當困難的。值得一提的是，到2018年決戰時，團隊的人都還在，這是蘭陽平原的奇蹟，也是一個有情有義的真實故事。這個團隊都是志工，來自各行各業，我沒有從過去所熟識的政治團體中找人，所以大家都沒有選舉的經驗。打仗確實需要糧草，在2017年跟台北與宜蘭當地的企業訴求理念尋求支持時，他們全部都跟我說，宜蘭綠大於藍，你根本完全沒有機會。做生意的邏輯非常簡單，天底下絕對不會做一定賠錢的事業。這讓我想起古今中外的一些英雄故事，幾乎今天我們認為是英雄的人，他通常是在山窮水盡的地方出發，他通常是在一無所有的腳下開始。

　　時間已邁入2019年，訴說這個社會運動的故事有甚麼意義呢？況且這個社會運動在選舉上並沒有成功，就數字的結果而言，它也只喚醒10.95%的鄉親。是的，這個社

2018年的蘭陽平原
那一年我們創造的一場社會運動

會運動沒有成功，但在2018年10月，這個社會運動已經把蘭陽平原變成三國鼎立的狀態，雖然最後不但沒有突圍反而萎縮，這有很多的因素，之後內文會再做詳細的分析。現在的重點是這個社會運動對蘭陽平原產生甚麼影響，是做這個回憶論述的主要意義。

1. 在宜蘭的縣長選舉歷史當中，10.95%其實是新的紀錄。過去從陳定南老縣長之後的宜蘭，縣長選舉大部分程度是政黨的競爭，無黨幾乎完全沒有空間。這場社會運動讓大部分的宜蘭人看到，政治可以不一樣，選舉方式可以不一樣，政治人物的風格可以不一樣，雖然最後他們未必選擇了無黨。

2. 宜蘭做為一個民主聖地，每次結合直轄市的選舉，大部分都不被關心。但在這個過程中，真正宜蘭的無黨社會力量一直在發展，在這裡應該敘述出來給大家了解，這也是回憶這場社會運動對於宜蘭的價值。

3. 在這場社會運動的過程中，創造了很多新的東西，很多宜蘭人是知道的。宜蘭總共有233個村里，我跟我的團隊除了大樓與獨棟農舍沒有進去之外，用10個月的時間

挨家挨戶拜訪了一圈，總共徒步走了約1,840公里。相信以後也不容易有人可以再做到這一點，這是謙卑，一個參與政治工作者最謙卑的態度。另外，我用最原始的方式在蘭陽平原中總共做了50場的街頭演講，用最負責任的態度向鄉親報告各鄉鎮以及宜蘭應該怎麼發展，很多鄉親看到了最原始的理念宣傳，頓時發現我們宜蘭過去確實是個民主聖地。

4. 這場社會運動雖然沒有成功，但它所點起的火花，在未來一定會讓蘭陽平原繼續改變。雖然鄉親在改變政黨的支持上相對容易，但要從政黨變成無黨的支持相對上比較困難，但這場運動看到一些改變的痕跡，這對於整個台灣社會而言，在理論與實際上都是有探究的價值。

5. 就社會科學而言，宜蘭從過去的後山經過雪山隧道的通車，在世界本就是一個很值得被拿來當作社會變遷研究的對象。同時在面對社會變遷所帶來的問題時，如何提出一個新的發展方向也是公共政策相當有興趣的研究主題。這場社會運動同時結合了以上兩點的研究旨趣，就做為一個知識分子而言，交代這個運動的歷程是一個基本的學術責任。

選舉輸贏的變數很多，很難說哪一個作法或策略是輸贏的關鍵，但局勢與結構的變化是多少可以看出端倪。這場宜蘭社會運動因民怨的局勢而起，但最後在整個台灣對民進黨執政失望的結構下又回到了政黨因素。這意味著不是這場社會運動本身的失敗，而是台灣的兩黨政治仍有它的穩定架構與市場，雖然在一次次的選舉當中，台灣人已經不喜歡。

▲圖(三)　蘭陽平原的山和水，牽動著鄉親生活的律動。

二、聚義蘭陽、千里苦行

　　土地是改變的起點也是目標，從土地醞釀這場運動的能量正是希望建構一個新的發展方向。雙腳在宜蘭233村里行走1,840公里所記事下來的是鄉親的故事以及鄉親對未來的希望。運動的邏輯一直在進行著，改變社會的不是人民已經不信任的政黨，而是來自土地真實的力量。

2016年10月5日，風和日麗的一天，我們從五結鄉大吉村出發。在當地長輩的帶領下，挨家挨戶拜訪鄉親。長輩的一絲不苟讓我相當感動，漏掉一戶都不行，足跡一定要踏遍每吋土地。今天，開始了在蘭陽平原的千里苦行。我不只是單純的問候，只要鄉親有時間跟我們聊天，我們就東西南北地聊。針對不同鄉鎮的問題與發展方向，我也準備了不同的簡單文宣。那天早上，經過五結國中側面的馬路，傍晚又經過，碰到同一位年輕人，名叫阿龍，他很豪爽很支持。只是後來在五結或在宜蘭的其他地方，都沒有機會再碰過他。

　　我下定決心，要親自到鄉親家拜訪，不設定任何對象。每次以一個村里為單位，把車開到這個村里的中心地帶，再用雙腳一戶一戶地敲門。在較偏遠與空曠的村里中，宜蘭很多是這樣的村里，當走完最後一戶時，車子已經在好幾公里之外，又要去找車子才能回家。這樣要把宜蘭233個村里走完。當我下這個決定時，我知道這並不是一件容易的事情，除了需要時間與體力之外，最關鍵的是意志力。這個村里走完了，明天換另外一個村里，記得走了好久好久，也感覺有體力上的負荷了，但都還沒把233的33走完。我也擔心到鄉親家敲門，會不會被鄉親開罵或

者趕出來。一條不確定的道路，確實需要意志力。當我在2017年8月10日走到第233村里──羅東鎮成功里時，我知道這個意志力是甚麼。它其實是自我修行，古今中外的苦行是有道理的，在這過程中，可以逐漸看見自己，其實也看見自性、看見道心佛性。另外同時存在的力量也是把一件事情認真做完的承諾，特別是讓鄉親看到我的承諾，因為既然要為鄉親服務，最起碼就要讓鄉親看到我。

但是，並沒有看到所有的鄉親，因為部分鄉親並不在家。這一趟走下來，大約碰到四萬個鄉親左右，大部分是年長者。讓我最為感動的事情，除了三星鄉的那兩位厭惡政治的鄉親之外，就是我沒有被任何一位鄉親罵過，所有的鄉親都很有耐心地聽我訴說。有的鄉親下午兩點多在客廳睡午覺，不小心被我吵醒，我想糟了！一定會罵我，但並沒有，有的還請我到客廳坐。有的鄉親傍晚在後面廚房開始煮晚餐，聽到我的叫門聲，也把火關掉，走到大門看我。有的一開始以為我們是推銷員，當我說我是縣長參選人時，鄉親都會來開門。蘭陽平原的鄉親真的是和善的，他們在這個過程中不斷給我正能量，也給我團隊的人信心。

在蘭陽平原這1,840多公里的行走中，我看見了宜蘭的美麗，也看見了宜蘭的哀愁。這是一個在書本或者辦公室中不可能有的經驗，團隊的人也越來越有興趣，因為一方面打算要來破這個紀錄，一方面也要在人生當中有著不一樣的經歷與回憶。我那時突然有一種感覺，就像古今中外的史記傳說，我們這一群人因為「義」而聚集在蘭陽平原，那種人生的快意好像只有在兒時的三五玩伴中才有的。我們不知道會不會成功，但路一直在前面延伸著，就像有一首歌「人生公路」一樣，志氣是我們唯一的靠山。這首歌後來也變成我們團隊的精神食糧與競選歌曲。

蘭陽平原是美麗的，用雙腳走在這裡居然會有一種幸福的感覺。蘭陽平原中的田埂也留著我們的足跡，這是從小到大走最多田埂的一段時間，我們團隊的人都沒有摔下去過。在行走的那段時間，前後歷經土黃色的田埂、淡水色的田埂、淺綠色的田埂，還有金黃色的田埂。以前在林美山上看蘭陽平原四季的顏色變化，這次穿梭其中，自己也變成這些顏色變化的一部分。田埂邊的大小水圳中，可以看到很多成群的魚，還有一次在傍晚的員山鄉看到一位阿姨在摸蛤，她說這些是今晚家中的一道菜。在三星鄉的田埂上，望著美麗的山巒，伸出雙手向大地大聲呼喊，山

水一際，天地一體。我很清楚的知道，這些阡陌架起了蘭陽平原，牽起了宜蘭人的感情，更編織了宜蘭的經驗與榮耀。

　　記得員山鄉湖東村的早上，可以聽到潺潺的流水聲，在水道上有著架起來的小棚子，青山綠水中傳來有力的吆喝聲「教授來了！」我們從遠遠的地方走到這裡，其中一位本熟識的鄉親認出我來了，一走近，哇！好多鄉親在棚子裡面聊天，而且是喝著紅露酒在聊天。「教授來坐啦！」他們急忙地挪出一個位子給我，當然也找出一個空杯子，「喝一杯，來！」這是一種幸福感，在這麼悠閒的場域中，跟鄉親天南地北地聊著，不知不覺已近中午，有的鄉親要回家了，我也喝了一罐多的紅露。微醺之間，鄉土的味道似乎就是午餐的香味，人心的純樸就是平原的美麗。我喜歡這個地方，我要替鄉親解決他們所訴說的問題。

　　蘭陽平原到處存在著熱情的人民，跟他們在最自然最不期而遇的狀況下碰面，是生命不斷滋長的喜悅。在南澳鄉的武塔村，走進一間住戶，我們喊著有人在嗎？裡面傳出聲音，「在後院啦！從廚房這邊進來。」穿過暗暗的走

2018年的蘭陽平原
那一年我們創造的一場社會運動

道，耶？怎麼有燒焦的味道，快到後院時，這味道更重。哇，後院好多人喔！他們正在處理一隻山羌。熱情的鄉親說，牠自己跑到我家後院的，等一下可以吃一點。其中有個抽著菸的鄉親過來擁抱我，可能過於熱情，突然大叫一聲又一直跳，原來他的菸不小心掉到了衣服裡面，大夥趕快幫他把菸抖出來。一陣歡樂聲響遍這個山谷，其實他們很樂天，對生活要求的也不多。對於這個大南澳，我心中已經有協助他們發展的藍圖。

　　2016年的冬天是一個很冷的冬天，在壯圍鄉北邊海岸的幾個村，在三星鄉的天山村與貴林村，走了好久好久，手都還是冷的。鄉親問我，「縣長是哪時候選？」我說「後年，差不多還有兩年」，鄉親聽了嚇一跳，「還有兩年，現在出來拜訪太早了啦！」說著說著，轉身到屋裡，端出三杯熱茶讓我們喝。這時的冷風確實非常的大，有時我們會頓時有一個想法冒出來，我們是不是瘋了？還是別人會不會把我們當作瘋子。現在回想起來，要不是初估走完233村里需要約一年的時間，這時候確實太早了。在後來的經驗當中，在行腳時碰到面的鄉親，到2018年底，其實已經忘記我了，最多也是很模糊的印象，只記得曾經有一個人到他家過，講了甚麼也早就遺忘了。我記得非常清

楚，在壯圍大福村2018年的一個廟會福宴中，我認出一位在2016年曾經到他家的鄉親，他非常好認，他還請我們喝茶聊天，但他跟我說，「我不認識你，第一次看到你。」在我跟他詳述在他家的情形之後，他終於有點印象，也只是模糊的印象。我這個千里苦行會不會事倍功半？或者根本沒有效果呢？

有一些朋友那時確實跟我說過，這樣走沒有用，應該像老鼠會一樣，幾個人先到一個鄉親家聚聚，然後換其中一個再找人聚聚，這樣一直擴散出去比較實際。這個想法是有道理的，2018年也把這個建議變成行動。但這個聚義蘭陽、千里苦行還是要繼續，主要的原因有幾個，一是要真實了解宜蘭的土地與人情，每一個村里的界線在哪裡，其實我現在已經知道。這個村裡有甚麼樣的問題，大致也有某種程度的了解。我想，我把這場選舉當作一場社會運動，過程是很重要的，了解是所有政策的起點。另外，我相信在某個時間點，我在行走宜蘭233村里這一件事一定會在蘭陽平原傳遞開來。在後來的證實當中，雖然沒有引起廣大的議論，因為距離選舉還遠，大家其實仍然在忙碌自己的生活，但它仍然是構成我們社會運動的基礎，也是2018年底形成三國鼎立的最重要資產。無黨沒有組織，沒

有樁腳，如果沒有花大錢買媒體宣傳，它的底層一定是空的。但我們不是空的，因為小眾的宣傳，在蘭陽平原仍然有些人知道我都在土地上行走，不是在餐廳當中跑攤。

　　其實這是一個路線的區隔。在這場社會運動的發展中，清晰的路線是相當關鍵，縱使到最後它在鄉親的感覺中並沒有成功的出現。我要找回宜蘭真正的社會力量，在雪山隧道通車之後創造宜蘭發展的新方向，並且透過我所提出來的新型產業來興利於民，再次讓台灣人看到宜蘭真的是一個人民作主的聖地。這一條路線有讓一些鄉親感受到，但到最後並沒有形成一個足以主導議題與選戰的動力。相較於六都，宜蘭在媒體的熱度是相當低的。一方面因為我沒有錢在媒體上發展這條路線，另外我在這方面的能力也有所不足，很多鄉親跟媒體朋友認為我太過溫和，再加上後期政黨對決的態勢越來越高，我希望發展出來的路線相對上也越來越模糊。雖然一些鄉親把希望寄託在我身上，但對我並沒有信心，特別是可以贏得這場選戰的信心。

雖然最後是這樣的結果，但區隔路線還是關鍵的。在蘭陽平原的土地上行走是設定這個區隔的第一步。首先這是最不花錢的做法，每天的花費就是油錢和午餐，晚上大多是收工之後各自回家吃飯。記得冬山鄉冬山村以及三星鄉大洲村中，有兩家路邊攤已成了我們很熟悉的地方，老闆也跟我們變成很好的朋友。

　　其次，另外兩個政黨候選人的路線其實很早就定型了，所以必須與他們區隔出來。陳歐珀本身是立委，他沒有清晰的風格，但卻有已經被定型的印象，鄉親都知道，他太太出來跑行程會比他本人有效。鄉親也都知道，林姿妙就是跑攤和握手，當然也跑到很多鄉親認為她很認真。這是他們的路線跟戰場，我必須在這個之外，找尋不同的路線與戰場，跟他們做出區隔。「聚義蘭陽、千里苦行」是他們做不到的，也模仿不到的。我知道，這個區隔如果成功，這場社會運動一定會改變宜蘭。

　　第三，在這個區隔的設定中，也在找尋更多的志士，特別是宜蘭過去的黨外前輩可以一起加入這場社會運動。這在後來的回想中，確實某種程度是有效的。我一直認為，這場無黨的社會運動在蘭陽平原一定要有根，不然一

定會被政黨組織所消滅。這個根，我其實是設定在宜蘭的黨外力量，而不是台北的柯文哲。後來陳定南老縣長的系統願意支持我，還有冬山羅東黨外前輩的關心，其實都是因為這條路線的理念。

結合選舉的社會運動當然會有對手，他們也不是吃素的。在這個過程中，他們其實用最廉價的手法就可以削弱這場運動，耳語確實是相當有效。記得在很多的村里，有些鄉親前後問我，甚至告訴我，你不是要選宜蘭市長嗎？你不是要選立委嗎？你一定會被摸頭的，聽說你的學校不同意你參與選舉，以及有人說你到2018年一定會退選的。其實無黨籍的參選人在正式登記之後，一些鄉親才會認為你真的要選到底。這也意味著這場社會運動並沒有成為一場真正的運動，不夠激烈，太沉靜了。古今中外，三五人想要打江山，不歷經幾場生死之戰，又有多少人會在乎他們呢？有時候人心的喚醒並不是直接面對面的影響，而是透過局勢的影響，局勢的營造也會影響人心，而且有時會更有效。這千里苦行在2017年8月間結束，這時候距離正式登記還有一年，距離選舉還有一年近四個月。我都還在了解宜蘭，認識宜蘭鄉親。在這時候，很多人還不認識我，認識我的人當中，又有一部分不相信我會打拼到底。

但不論如何，我所設定的區隔基本上已經成形，也在蘭陽平原中慢慢傳遞著。記得在行腳233村里的十個月當中，在宜蘭市梅洲里路邊碰到一群蓋房子的工人，其中一位遠遠看到我，大聲說「這次碰到你是第五次」，我很高興又碰到他，更驚訝的是他記得我跟他碰過幾次。他說「我們第一次是在多山路邊碰面，第二次在壯圍，第三次在羅東，第四次在五結，今天第五次在宜蘭市。」天啊！他居然記得比我還清楚。這五次從秋天到夏天，他覺得跟我很有緣之外，也真的認為我很認真，也有點不可思議，為什麼在蘭陽平原中用雙腳這樣走著。

　　另外也有好幾次在不同鄉鎮的小吃店裡，比較早吃午餐的工人跟我說，前幾天我們才在哪裡碰面。更有趣的是，有一次在蘇澳的蘇西里路邊碰到一位開計程車的阿姨，她很熱心地下車鼓勵我們，而且認為我們一定會成功。又隔了好一陣子，行走到聖愛里時，居然又走到她家，她出來開門時，我們各自都嚇了一跳。那一天，她又鼓勵我好久好久。

▲圖(四)　同一位鄉親在行腳過程中遇到數次，就像遇到
　　　　　老朋友一般親切。

我在佛光大學任教有十六年了，前前後後有好多的同事，當然本來不知道他們住在哪裡。在這趟行腳的過程中，終於知道一些人的家在哪裡了，不知不覺走到他們的家。學校的同事都很鼓勵我，但我知道，他們對我並沒有信心，因為要成功真的太難了。這十六年來，我偶而會參與地方政治，但一直以來都做到了一件事情，我一進入校門，我就不會談論地方的政治，只有在被動被詢問的狀況下，才會簡單的回答幾句。這是全校教職員生都知道的事情。有一些朋友問我，學校應該有很多人可以幫你，你也有很多學生，在蘭陽平原都可以組織成一個軍隊了。確實是如此，但到選舉那一天，除了一直在幫我的幾個學生之外，我沒有拜託過我的同事、我的學生。也許有人會認為我的個性很怪，我也說不上來，也許我會認為這是老師的事情，老師自己會處理吧！

　　蘭陽平原真的很美麗，但其實也充滿著哀愁。令我印象最深的是平原中的獨居老人。2017年在頭城鎮大溪里的靠海邊有一排房子，白天沒有甚麼人在家。敲門敲到一戶，一位年長的阿嬤來開門，那時大約將近中午。

阿嬤問我：「年輕人有甚麼事？」

我說：「阿嬤，我是大學教授，明年要參選宜蘭縣縣長，阿嬤吃飽了嗎？」

「自己一個人住，有吃沒吃都沒關係啊！」阿嬤用很微弱的聲音跟我說。

她接著說：「小孩子都在外地，有時候過年也沒回來。」我望著阿嬤，頓時沉默了片刻，內心的躊躇不知道要說甚麼。

她說：「年輕人，我把你這張文宣放在櫃子裡，明年選舉時，如果我還在世間，我一定會出門投給你。」我們急忙回應，阿嬤一定會很好的。轉過頭離開時，我的眼淚都流下來了。其實在蘭陽平原中這樣的獨居老人很多，值得慶幸的是宜蘭的社區辦得還不錯，有些老人家白天都還有伴可以聊天。我在想，我從事的社會運動到底要為宜蘭帶出甚麼方向，在世界與台灣的潮流中，宜蘭怎樣可以在雪山隧道通車之後有一個新的局面。在這裡我真的希望宜蘭外出工作的人可以有機會回到宜蘭跟這些老人家一起居

住。在一個超高齡的社會中，除了長照的推動之外，這是最為根本的解決之道。更重要的是，如果宜蘭可以做得到，那宜蘭真的是一個新的社會，甚至在全世界當中是一個真正的心靈故鄉。這是建構一個新型社會的理想與藍圖，不是只有很簡單的補助而已。

從這裡，我開始架構我的治縣方略，我希望可以在這個出發點上，把雪山隧道通車之後所有問題的解決方案有系統地整理到這個方略之中。甚麼是新方向，它必然會涉及到一些需要突破的工作，例如交通、教育、社福與產業等等，我們必須要有勇氣提出來，這是最起碼的態度與責任。這些將在後面內文中加以詳細說明。

在蘭陽平原中親身經歷並且真實了解鄉親的問題，同時在內心中一定會出現解決的方案。記得在礁溪鄉吳沙村的省道上，路邊有個賣椰子水的攤販，一對年輕的夫婦。他們跟我說，他們真的不知道要把這些一顆顆的椰子丟到哪裡去，其實這些椰子殼可以再利用，做出一些環保的產品啊！看來他們對於處理這些椰子殼真的很頭痛，一天賺的錢也不多，還要去煩惱這些問題。其實還有很多農作物的剩餘是可以再利用的，後來我跟宜蘭大學的朋友討論，

2018年的蘭陽平原
那一年我們創造的一場社會運動

如果縣政府可以出面，這是可以建教合作，朝著食品加工或者環保再生的方向發展。這是一個小故事，看起來也不是不可能。

在為宜蘭方向提出大膽的構思時，我也碰到了一個原本就存在於心中的印象。我在大學教書二十年，最大的擔憂是我們的年輕人越來越沒有豪氣，也許全世界都這樣吧！但對於台灣而言，這是一個很大的危機。台灣作為一個海洋國家，人們如果沒有豪氣，是相當危險的一件事情。面對海洋，其實是不進則退的。這次在進行這個社會運動，讓我更感覺到我們的年輕人不但沒有豪氣，甚至連作夢的勇氣都沒有。在批踢踢或者臉書上，我看到大家所熟悉的酸民，應該大多數是年輕人吧！他們簡短的言語透露出不知明天是甚麼，我就是要反對不然你要怎麼樣的態度。我不奢求理性的討論，但連一起編織夢想的勇氣都沒有，這是台灣最大的危機。當然作為一個知識分子，我不會認為我說的就是對的，但起碼的討論應該要有吧！這個經歷是在大學教書時沒有的，但卻是真實的台灣社會。

▲圖(五)　阿伯好奇問我：「天氣這麼熱，你走路來喔？」

2018年的蘭陽平原
那一年我們創造的一場社會運動

我們在蘭陽平原繼續走著，2017年的夏天真的很熱。出門會多帶一件替換的衣服，到中午休息時把幾乎像是淋過雨、泡過水的衣服換下來放在車子裡面，吃完飯穿著乾淨的衣服繼續走著。到傍晚時，車子裡那件濕的衣服已經烤乾了，又把它換回來穿著。衣服有柏油的味道，因為走在馬路上，感覺土地是軟的，柏油的味道飄過我們流著汗的身體。這時候，感覺最幸福的事情是中午在路邊攤吃飯，先來一杯冰冰的啤酒。有一次在蘇澳鎮的新城里，一位年輕的主婦看到我們在挨家挨戶敲門，她說，「天氣這麼熱，趕快回家啦！不要走了，不需要這麼努力啦！」說著說著，她拿了幾瓶冰的礦泉水給我們，水喝起來真的特別的甜。大熱天的在蘭陽平原大街小巷走路確實很辛苦，在很多地方，整個土地上只看見偶爾經過的車輛，還有我們幾個人。這十個月下來，我們每個人當然都瘦了，我瘦了八公斤，也穿壞了一雙布鞋。

春秋之際在蘭陽平原走路，確實是一件很幸福的事情。現在回想起來，我們已經記錄的一些路線，是可以把它變成產業的。在我後來所草擬的治縣方略中，有一段寫到，觀光大縣的新里程碑——心靈產業。這是親身的體驗，宜蘭非常適合發展心靈產業，它有很大的市場。這個

道理很簡單，現在都市人一到假日，需要離開城市往外休息，說實在的，大家多少都有精神上的壓力甚至憂鬱症。如果亞洲人需要精神的療癒、心靈的沉澱以及身體的放鬆，他們就想到宜蘭，宜蘭在全亞洲就會變成很有名的國際聖城，在不破壞宜蘭的好山好水的前提下，宜蘭就會有一個新方向出來。在這種情況下，宜蘭的飯店、民宿、餐廳，整個旅行業甚至藝文界都會有不一樣的市場。

記得德國在2015年宣傳觀光旅遊的手法非常的簡單，他們向全世界訴求「到德國來走路」。因為我在德國留學，所以一看到這個宣傳，我大概就知道是甚麼意思。德國是丘陵地，幾乎每一座城市都在丘陵的森林中，縱使沒有，森林也在城市的周邊。這些森林並不大，但在裡面有些可以同時騎馬、騎腳踏車還有走路，這跟大城市的旅遊截然不同。更重要的是在幾個城市森林中，充滿著歷史悠久的故事，童話或者連結哲學家與文學家的故事。德國政府就這樣宣傳，完全不用花大錢，結果觀光客增加15%，而且他們在德國每日的消費額都比原來的觀光客還多。宜蘭也可以這樣做，特別在員山、三星、冬山與五結等地區。但必須再努力的是要訴說宜蘭的故事，長期以來，宜蘭的故事並沒有被訴說出來，如果可以是文學上的故事會

更好。

有些地方並沒有人去過，在北宜公路要上山往台北的地方，左邊穿過一個山洞，裡面還有三戶人家。在靠三星的大同鄉復興村裡面，靠著山邊有幾戶人家，他們跟我說，「你們怎麼知道這邊有人住，你們怎麼進來的，我們這邊從來沒有人來拜訪過。」我在想，他們的意思好像是連村里長都沒來過吧！我到了，不管鄉親會不會認同我，但我已經認為很值得。大部分人會覺得熟悉的人是比較沒距離，陌生人是距離比較大的。但我跟大家說，當今的社會科學並不這樣認為，剛好相反，與陌生人之間是最沒距離的，因為在我們與熟識的人相處時，我們所戴的面具是最多的。在這一趟的行腳中，我深深地感覺到這是有道理的，與陌生人的偶遇其實是最沒有戒心的，是最自然的。

地點再到宜蘭地勢最高的村，大同鄉南山村。那一天，我們到南山村時是早上十點多，照慣例把車停在一個地方，開始在南山村挨家挨戶拜訪。但，很少人在家，他們都到工寮去上工了。我們還是挨著住家一戶一戶敲著門，之後到平台上去找鄉親。進到一間工寮，南山村長在裡面，那時是下午一點多了。我們在裡面談到大同鄉的種

▲圖(六)　在非常偏僻的山區，農家老夫婦看到我相當驚訝：「這裡從來沒有候選人來過，你怎麼知道這裡有人住？」

種問題，當然也喝著啤酒。哇！這裡的啤酒特別好喝，不知道是不是地勢高的關係。兩個年輕人跟我們說，現在大同鄉很多人已經是選人不選黨，大家有感情是最重要的，特別是要關心我們。例如鄉親往生之後的墓地問題已經迫在眉睫，聽著聽著，我內心已經有解決的方案，而且內心想著如果有機會，一定會幫他們快速來解決。

2018年這場社會運動結束之時，回想到大同鄉，我是傷心的。擔任副縣長至今的十幾年，大同鄉是很熟的，跟大家的感情是有的。在這過程中，寒溪村甚至挨家挨戶拜訪過兩次。我知道，其他的候選人跟大同鄉親沒有感情，甚至不熟，真的是選舉的時候再來看一看，反正這裡的票並不多。就結果而言，鄉親還是選黨，不管代表這個黨的人是誰。雖然了解為甚麼是這樣，但心中總還是會有傷心的感覺。

我雖然走到了鄉親的家，但並不期待他們一定會認同或支持我，從頭至尾的心態真的是這樣。我只是讓鄉親認識我，同時知道有這麼一位教授在蘭陽平原走著。要得到鄉親的認同還有很多的因素，例如政策、組織與氣勢等等，這都需要在後來不斷地加強。有一次回到家，眼睛紅

▲圖(七)　蘭陽鄉親的日常

起來了，當然不是傷心的關係，而是那天到了冬山鄉的南興村。那裡其實有從新城溪流過來的水渠，水量非常的大而且很清澈，鄉親在渠上洗著衣服。但我真的很心痛，鄉親是生活在有味道的空氣當中，而且真的很重。不只這個村，在後來陸續的行腳中，蘇澳和冬山很多的村里都是這樣。鄉親已經習慣生活在這樣的環境中，當我跟他們說如果我來主持縣政時，一定分階段有耐心地來處理這個問題。這是一個不容易的事情，但世界各國很多地方透過不同階段都已經處理了這個問題，把空氣汙染源的工廠轉型為觀光工廠或歷史建築物。當然鄉親的生計是首先要處理的，不能因為要轉型這些工廠，讓鄉親頓時失業。我發現，鄉親似乎不太信任我，可能因為鄉親認為這是不可能的，或者並不認為我有這個魄力。鄉親可能還要繼續生活在有味道的空氣中。

宜蘭的觀光確實已經表面化，經濟活動也在萎縮當中。有時候我在想，鄉親到底怎麼賺錢的，當然上班族有每個月固定的薪水，但發薪水的老闆似乎賺錢的機會並不多。記得在羅東鎮的中山里、仁和里以及仁德里行腳時，看到一間間的商家鐵門都沒有拉開，這裡還是作為商業活動的羅東鎮中心。有一次在仁和里，一間店面的鐵門拉一

半，那是早上十一點左右，進去時碰到一位熟識的朋友，他們五、六個人在喝紅露。喝酒聊天當中透露著，開門也沒有生意做，幾個好朋友聚在這裡聊天還比較實在。羅東鎮都是這樣了，其他的鄉鎮更是弱勢。我在後來所草擬的治縣方略中，把我對宜蘭長期的觀察以及這次行腳的經歷做個整理，宜蘭的經濟動能真的不夠大，人口需要從現在的45萬8千人增加到60萬左右才適當。當然有人說增加到100萬，經濟動能不是更大嗎？我想在不破壞宜蘭好山好水的前提下，先增加到60萬是比較恰當，並且可以在風險的控管上持續評估適當的人口數量。

過去四十年來，宜蘭在思考經濟與觀光如何發展時，我很清楚，都以宜蘭自身的範圍與資源來尋求突破。但在雪山隧道通車十二年後，宜蘭已經被納入大台北經濟生活圈了，就世界大都會的發展經驗，宜蘭必須主動出擊並在這個經濟生活圈當中取得主體性，才是宜蘭的新方向。就如同前面所說的，我希望出外子弟可以回鄉跟長輩一起住，也希望大台北地區的人們如果喜歡宜蘭的生活環境，可以移居到宜蘭來。再加上一些新型產業的開發，透過區域合作的方式把宜蘭的經濟動能加以擴大，這樣才能遏止像羅東鎮經濟萎縮的情況。當然這裡首先涉及到交通的問

題，我有個很大膽的想法，但在科技與現實上是可行的，只不過要看宜蘭人有沒有勇氣提出這個夢想。

　　我在蘭陽平原聽到很多鄉親所訴說的問題，我也很認真在思考如何幫他們解決這些問題。這是不同的經驗，這不是想像的，也不是學術上的推演，這是真實的生活故事。我的治縣方略就是鄉親的生活故事，就是鄉親未來的生活希望。我跟團隊的人說，我們千里苦行所看到的是我們人生當中不曾經歷的。這場社會運動本就是要解決鄉親的問題，這些問題在政黨惡鬥的過往中一再被忽略或者被遺忘。宜蘭縣有101公里的海岸線，壯圍鄉東邊都是海岸線，從北邊的大福村到南邊的東港村。這一條路很長很長，在行腳的十個月當中，我們把這裡分成三段在不同的時間來行走。這濱海線的住家門窗很多都是兩層的，因為大型車輛經過的聲音很大。而且很多老一輩鄉親的聽覺都不太好，長期居住在這裡，聽覺都受影響了。大型車輛的奔馳也是為了要討個飯吃，他們也很辛苦，這是需要解決的問題。

另外行腳在這條路當中，長長的海岸線其實很漂亮，很多人說要看龜山島，在這裡最漂亮。但很可惜，這裡沒有親水性，這麼漂亮的海岸線在過去的四十年當中不曾被注意。我在想著，宜蘭的觀光與產業在陸地發展並不是唯一的一條路，海洋也是宜蘭的重要資產。記得以前有一次搭漁船從南方澳到烏石港，一路從太平洋看蘭陽平原真的是完全不一樣的體驗，海洋產業是可以讓宜蘭真正海洋立縣的。大家想想，如果這裡經過整理，變成很長的親水沙灘海岸，這不會是亞洲的新景點嗎？我告訴團隊的人，宜蘭要海洋立縣。

　　我們把233村里的尾數33走完，是一個數字的清晰記憶，還有200個，繼續加油。走了117個村里時，破半又是一個數字的突破。這時候，團隊評估應該會引起鄉親的注意，甚至會在蘭陽平原發酵。會不會變成一場真正的運動，就看有沒有發酵。現在回想起來，並沒有發酵，因為我們的行走也只是蘭陽平原日常生活的一部分而已。此刻還沒有選舉的氣氛，鄉親沒有了解候選人的迫切性，時間還沒到，大家都只是在忙碌自己的生活而已。時間來到2017年8月10日，我們在羅東鎮成功里完成了這個任務，我們真的把233個村里走完了，總共走了大約1,840公里，

前後看到了約四萬個鄉親。現在回想起來，真的是不容易，我們對自己、對社會做了初步的交代。每個村里的行腳照片以及對於問題的解決建議，在那一段時間，每日都貼在臉書上。有些朋友每天都看到，後來跟我說這是不可思議的事情。

蘭陽平原的太陽依舊從東邊上升，我也開始回到社團與廟宇的活動中，進入一般選舉的行程。在對宜蘭的更加認識以及對宜蘭發展有著更深入了解的基礎下，我繼續嘗試將這個最原始的社會運動帶入選舉行程中。我繼續訴說著蘭陽平原的美麗與哀愁，繼續說服鄉親這個社會運動真的可以把宜蘭帶入一個新的方向。記得2016年，鄉親對我的普遍印象是個好人，這個意思有兩層，一層是講理念的人，一層是不太適合政治與選舉，因為根本會被欺負。到了2017年，鄉親又認為我是一個有勇氣的人，居然還繼續走著，並且要挑戰兩黨。在2018的選舉年，很多鄉親認為我是有能力的人，是一個可以說出自己想法並且解決問題的人。這個社會運動在加速當中，也更挑戰著原有的政治勢力，更在蘭陽平原將一場試驗付諸實行。

三、遠離黨閥、深入民間

　　這場運動一直在衝撞的是台灣人民已經習慣的政黨政治，也在考驗鄉親能否如自己所說的「可以超越政黨」。政黨政治雖然是民主政治的基礎，但在蘭陽平原發展新方向的迫切需求下，讓無黨來重組政黨政治其實是出現在一些鄉親內心裡的火花。民主政治是否可以被重新定義與組成，就像歐洲國家在這一世紀試圖想要嘗試的，2018年的蘭陽平原就是一個試驗的場域。

時間到了2018年初，所有媒體每天在報導的不是國民黨就是民進黨的候選人會是誰？當然宜蘭也是這樣。台灣其實還是在這兩黨的框架當中，有人在問會不會有第三勢力？從過去的新黨、親民黨、台聯到時代力量或者台北市長柯文哲，會不會一個個消失在未來中呢？當在歷次的選舉中，很多人感覺國民黨或者民進黨輸得一定爬不起來了，但總是在下次選舉中，又爬起來了。台灣人很矛盾，當這個黨又爬起來時，其執政不得民心時，大家又要讓它下來。雖說政黨政治的道理是做不好就下台，但台灣人好像沒有耐心給這個政黨太長的時間。其實不論國民黨還是民進黨，在美中台的三角關係中，它們的政策與路線差異已經沒有以前那麼大。在盡可能的模糊地帶中，透過選舉取得執政才是真理，但這又要把台灣帶到哪裡呢？民進黨在全面掌握執政權力時，為什麼不讓台灣獨立呢？國民黨在全面掌握執政權力時，為什麼不和大陸談統一呢？這個兩黨政治的框架不只是在台灣內部形成，更是在美中台三角關係中形成，第三勢力的未來在哪裡？美國是個典型的兩黨政治國家，他們會信任台灣的第三勢力？中國大陸是威權的一黨政治，它們會希望台灣的第三勢力興起？

在2018年，除了台南的林姓市長候選人透過媒體大量的宣傳，當然還有現任的台北市長柯文哲獲得了鄉親的重視之外，無黨籍候選人在全國幾乎是沒有消息的。媒體每天的報導邏輯是兩黨政治，宜蘭當然也是。我有一個朋友，在這個過程中一直透過臉書跟我說，不要再努力了，沒用的，宜蘭縣長、立委選舉是兩黨政治。也有很多人跟我說，宜蘭跟台北都會區不一樣，比較鄉下，無黨籍是沒有空間的。但我不這樣認為，只要在個人的特質與大環境的議題主導上累積足夠的能量，宜蘭人是可以接受無黨執政的。更何況在我所從事的這場社會運動中，過程是非常重要，改變不是只看結果，改變還包括讓鄉親看到選擇可以不一樣。

無黨籍的困難在於沒有組織與資源，以及沒有累積足夠能量時，大家對你是觀望的，包括社團、企業甚至是教育界。現在回想起來，我有很多中小企業的朋友，他們早已設定誰會當選了。甚至教育界的朋友，他們因為不想讓某黨候選人贏，也選擇了另外一黨的候選人，雖然他們很清楚這個人沒有辦法為宜蘭帶出一條新的道路。但我很清楚，這不是鄉親的問題，而是我本身努力不夠的問題，因為沒有給他們會贏的信心。這場社會運動影響到了

10.95%的鄉親，他們因為理念而不選擇政黨，其中一部分的人也認為我不會贏，但還是支持我的理念。他們期待著宜蘭可以不一樣，不管是在政治、經濟、社會或者是文化上。在這場社會運動結束時，很多鄉親突然覺得宜蘭縣長的選舉結果怎麼會是這樣。但敗軍之將，不足以言勇，在這裡，對於這場運動以及其對宜蘭影響的敘事，是持續改變宜蘭的一部分。

「這次一定要讓無黨的贏，兩黨候選人都投不下去」、「這次應該讓無黨的做看看」，這是2018年蘭陽平原中很普遍的聲音。記得在冬山鄉的市區，鄉親在市場裡聊天，他們其中有著不同的政黨傾向但並不爭吵，他們相對理性地討論宜蘭的種種與未來。我在與他們的對談中可以很清楚地感受到，他們真的希望這次可以選人不選黨。在宜蘭的12個鄉鎮中，冬山鄉的鄉親確實是比較有批判與理想性格的，雖然這裡是綠色的大本營。冬山鄉是宜蘭民主聖地的發源之處，大約四十年前的戒嚴時代，這裡的廣興會議把一個無黨籍的陳定南扶起來做宜蘭縣長，這是多麼不容易的事情。在台灣2000年政黨輪替的震撼之前，宜蘭早已震撼了整個台灣。宜蘭人怎麼會沒有勇氣？宜蘭人怎麼會沒有能力跳脫政黨？宜蘭的榮耀不是政黨給予的，

而是這時候的黨外老兵還有廣大的社會力量所締造出來的。在多山鄉，我感受到了這個氛圍。我過去雖然有藍色的背景，但他們對我的接受度很高，跟很多鄉親也成為很好的朋友，直到今日都是。

作戰確實要有集團，單靠個人要來累積能量確實不容易，除非要像都會區一樣在媒體上形成氣旋。但在蘭陽平原中，這個集團並不容易形成。很多朋友跟我建議，在十二個鄉鎮中需要有共同作戰的鄉鎮長、議員或者代表，這是對的，但需要財力。我在這一場社會運動中，並沒有財力，縱使有財力，也比不上某個候選人，投下去也只是像投到大海裡的一顆小石頭而已。如果單靠理念來集結，這也是強人所難，因為要選舉的人都想贏，「贏」才是目的，理念在這裡其實顯得虛幻。如果是靠感情，這只能達到私底下支持的狀態。我有很多學生，他們在各鄉鎮都是各類候選人，其實師生的情誼在選戰中是相當淡薄的。作為一個老師，如果沒有辦法讓他們可以當選，只是拖累他們而已。我沒有去找他們，一直到選舉結束的時候。如果是靠策略，這有部分檯面下的效果，不同黨派的利益確實在一些地方可以讓他們不那麼真心地輔選他們政黨的縣長候選人，但公開的結盟是不可能的。

在這種種的困難之下，我下定決心，在行腳233村里的基礎下，繼續走一條不一樣的道路。我在考驗自己，考驗我的團隊，也在考驗人心。人心確實有在改變，特別當他們發現身邊有人在改變時，或者自己的子女有在改變時。先不論整個台灣的大環境，2018年的宜蘭，其實改變也在一瞬之間而已。這時候的民進黨其實是內鬥非常嚴重的政黨，有時候我看到陳歐珀，都覺得他比我還孤單，雖然我沒有表現出來。若不是黨中央在後階段的壓力之下，在民進黨中，很少人真心幫他的忙。這也是我還蠻佩服他的一點，在同志都不相挺的情況之下，還繼續承擔勝敗的責任。陳代理縣長在村里座談、社團座談以及12鄉鎮座談中，動用縣政府資源是在做甚麼？照理講，應該帶著陳歐珀認真地與鄉親見面，把座談的結論交給可能是下屆縣長的陳歐珀來執行才對。但事實上並不是這樣，陳歐珀剛開始並沒有被邀請，後來也常常在座談中講幾句話而已。其實陳代理縣長表面上越與陳歐珀站在一起，陳歐珀的票就越少，因為陳代理縣長在代理期間的所作所為給了宜蘭中間選民與藍營團結起來的理由，雖然陳代理縣長的行政能力還算不錯。他們為什麼不幫陳歐珀？除了派系的卡位之外，陳的人際關係不好是一個很重要的原因，但更重要的是他們知道鄉親不喜歡陳歐珀，知道鄉親認定陳是不會贏

▲圖(八)　民生是蘭陽平原的未來，基層勞工都是信華最好
　　　　　的兄弟。

的。陳代理縣長想取而代之，但陳歐珀的不退讓使得這個心結註定無法打開，後來陳歐珀在媒體上說他們已經整合好，了解宜蘭基層的鄉親其實都不相信。陳歐珀有些想法，對宜蘭也有一定的了解，在後來一年多的相處時間中，我還是認為他是一個可以擔任縣長的人。雖然我知道，他想透過我把林姿妙拉下來，但我很樂意，跟他也成為關係不錯的朋友。

很多民進黨的朋友私底下跟我講，他的票會投給我，我是相信的，因為我知道他們已經認定陳歐珀不可能贏。選舉結束，陳有38.23%的選票，大部分民進黨還是投給陳，但不是投給陳，而是投給民進黨。在這些微妙的關係中，最後決定投票的因素還是政黨，本來要遠離政黨的鄉親在最後關頭又回到了政黨。時間回到2018年的下半年，如同其他縣市一樣，宜蘭政黨對決的氛圍越來越高，宜蘭傳統支持綠營的鄉親其實很痛苦，他們不知道要投給誰，但他們知道至少不要投給林姿妙。為什麼他們本來要遠離政黨，因為候選人讓他們看不到希望。我創造的社會運動在這裡看到可能成功的曙光，我希望可以藉著這個局勢來解構蘭陽平原的傳統政治勢力。此刻很多民進黨的朋友跟我說，「你會不會贏不知道，但票會很多。」在2018年10

月中，宜蘭呈現三足鼎立的選情是事實，我所掌握的大學民調也是這樣。這時候我知道，民進黨在未來一個半月的戰法是決定宜蘭未來的關鍵，他如果升高政黨對決，就是國民黨的林姿妙贏，如果適可而止，就只會輸給一個無黨籍。我本相信蔡主席在宜蘭不會想要輸給國民黨，一些宜蘭民進黨的朋友也可以接受輸給一個無黨籍的。但後來的發展不是我所想像的，民進黨一再升高政黨的對決，很多鄉親為了不讓民進黨的陳當選，都轉向支持國民黨的林。我的想像並不是沒有道理的，只是在整個台灣出現了韓流的現象後，民進黨不得不背水一戰。在這個韓流出現之前，其實是沒有人可以預想得到，居然會有這麼一股大的力量出現。

上面是民進黨的狀況，國民黨呢？在進入2018的下半年時，甚至更早，很多人都知道民進黨一定會對林姿妙出手。我在想，當這場戰爭到11月時，宜蘭鄉親對林姿妙應該支持不下去，因為我跟她認識十幾年，她的狀況我再清楚不過了。民進黨真的很會選舉，洪秘書長第一槍簡簡單單地打向「不會批公文」，很多其他縣市的人們聽到這個訊息，都會覺得怎麼可能，做了兩任的鎮長怎麼可能不會批公文，這根本就是抹黑的奧步。秘書長會這麼笨，拿出

大家會認為不可能的事情來檢驗對方嗎？明明是一隻馬，秘書長會硬說是一隻羊，然後說服大家來檢驗她嗎？林姿妙會不會批公文，要看批公文是甚麼意思。在公文上簽個名字，那她會。在人事公文上寫個「可」，那她會。如果是個複雜的公文，還有一些附件，甚至簽上來的幕僚意見不同或有選項需要首長決斷時，那她可能就難以應付了。洪秘書長說林姿妙不會批公文，說的並非她是文盲，而是能力的問題。其實他可以講得更清楚，但我認為他故意不講清楚，讓這個訊息在民間自己發酵。

　　當然會批公文的人來做縣長會比較好，但也不是必要條件。鄉親如果覺得她可以做縣長，其實是可以不在乎的。記得有一次在多山鄉的鹿埔村，一位近八十歲的阿嬤問我這次有幾個人要選縣長，我說有五個，她只念得出林姿妙的名字，其他四位她都不知道。這是一個指標，作為一個鎮長，她已經讓幾乎全部的宜蘭鄉親認識了，而且在比較鄉下的地方，有些鄉親只知道她要選縣長。這是她努力的成果，而且這位阿嬤跟我說，她見過林姿妙已經好幾次了，確實她是很認真。為什麼我認為民進黨很會選舉，因為他們了解民心，宜蘭鄉親其實非常重視這個人夠不夠格來做縣長，這是一種很潛在的榮譽感。當不會批公文這

件事傳開來之後，很多偏僻地方的阿伯、阿姨都開始議論這件事情，「啊～這個可以嗎？連公文都不會批。」這件事情對於林姿妙多年的努力是一個很大的殺傷力，有些同黨的人也開始動搖。我在宜蘭市有個深藍的朋友，他每天見到人就說，而且還刻意找人說，大家不能支持不會批公文的啦，丟宜蘭人的臉。如果民進黨對林姿妙的攻擊到這裡為止就好，我相信選舉的結果會不一樣。後面夾帶政黨對決的攻擊，都讓這些遲疑者又回去林姿妙那裡而已。

大家都知道林姿妙財力雄厚，她讓原本已經快瓦解的國民黨陣營又結合在一起。在宜蘭，能代表國民黨參選縣長的人只有林姿妙了，其他人財力都不夠。她到底有沒有能力，我不想在這裡多做說明，未來鄉親自然就會有判斷。全縣國中小營養午餐免費，是她唯一的政策，據說她在跑攤時前後講了三年，都講這個。在最後的一年中，因為我也在跑攤，大家每個星期總會碰個幾次面，我也聽了一年，一模一樣的東西聽了一年。其實很多鄉親已經開始厭煩，會說怎麼又在講這個，連同黨的候選人都跟我說，她能不能講點別的東西。但我其實很清楚，免費午餐是受到一些家長的歡迎，她認定這個會有效，所以就一直講這個。這是非常傳統的思維與戰法，她認為有效，但我抱持

比較保守的態度，因爲我總覺得現在的宜蘭已經不是這樣傳統了。

　　鄉親逐漸看到兩黨候選人的狀況，因爲距離投票越來越近，選擇誰也比較有迫切性。在這同時，兩黨的組織也逐漸在運轉當中，我之前預期的艱困時期即將到來。當他們不斷集結的時候，我還是只有一個人，被邊緣化是我從事這場社會運動的最大危機。我知道，我只能堅定地走下去，選擇相信人心是會改變的。一些媒體朋友跟我說，你現在需要做的事情就是左右開攻，砲火必須強烈。現在回想起來，這是有道理的，只不過可能因爲個人特質的關係，到最後都沒有這樣做。這跟我所設定的路線也有關係，我不想讓鄉親認爲我也是在惡鬥，我要爭取的是人心。但我並不孤單，就在這個時期，有越來越多的鄉親在幫我宣傳。就我所知道的，鄉親在好友聚餐時所談論到的候選人，我已是他們的選擇之一，甚至是應該要支持的對象。我第一次選舉，也不是傳統的政治人物，看來要在集團競爭當中讓這場社會運動取得成功，似乎還是少了甚麼東西。有朋友跟我說，有能力之外，還要有霸氣，也許我在台灣的政治環境中要革命成功，缺少的就是這個霸氣。有一次跑行程時碰到陳代理縣長，他跟我說，你太客氣

了，不夠「兇」，要選舉就要兇一點。

在作戰中，對方是個集團而你只有一個人，這種感覺是很特別的。本來就是很熟識的政治人物，甚至是學生，在很多場合裡是在這個集團當中，而我正面對著，這種感覺更是特別。我知道，這是我選擇的道路，內心當中並沒有情緒的起伏。在這個過程中，沒有情緒起伏的內心讓我感覺到，我自己已經不一樣了。其實我不只是要贏而已，更重要的是如何面對與看待芸芸眾生。以前在學術界一直在思考為什麼台灣會因為政黨惡鬥而處於內耗當中，選舉變成不是你死就是我活的殺戮戰場，我的答案是台灣人有集體械鬥的因子與性格。從早期的漳泉移民與械鬥、日據時代的殖民壓抑，到國民黨政府來台的種種事件，台灣人很容易在特殊事件當中被動員起來，選舉就是一種。全世界的民主國家很少像台灣的選舉一樣，這麼熱情，這麼集團性質，而且是情緒連結的集團性質。這是台灣的特性，沒有好或不好的問題。第三勢力或者無黨，基本上沒辦法提供這個場域來動員，不容易建立情緒連結的集團。在這場運動的過程中，我是一票一票的爭取鄉親的認同，但其他兩人在最後是一群一群地得到支持。

▲圖(九)　很偏僻的一間土地公廟，一群鄉親熱切的提供
　　　　　建議。

在蘭陽平原中，政黨真的沒辦法被超越嗎？不是有很多的議員、代表與村里長都是無黨的嗎？但在縣長與立法委員的選舉上，確實是非常不容易的事情。當然我們不一定非得要超越政黨，一個社會不一定非得要無黨執政才會進步。如果政黨政治運作的良好，它其實是民主政治的基礎，像在美國，好像就沒有人在喊無黨執政。把社會運動的基調放置在無黨執政，其主要的邏輯有兩個，一個是政黨惡鬥超乎了人民的日常感受，另一個是政黨在強大的包袱之下沒有辦法為社會解決一些迫切的問題。無黨執政也不是訴求一個社會一直無黨執政下去，它只是以時間換取空間，讓政黨惡鬥的因子先行消散並且適時解決迫切的社會問題。透過社會運動取得無黨執政，其實是喚起新的社會力量，在一段時間當中再讓這個社會力量重新架起政黨政治。所以我在前面說到，這場社會運動只是要解構現有的政治勢力，並不是要消滅哪一個特定的對象，在解構之後，自然會重構出一個新的政治秩序與政治勢力，它是比較能適應社會所面臨的新問題與新局勢，特別是在這個快速變化的國際局勢、城市競爭以及創意競賽中。

所以在這兩年多的社會運動中，我沒有批評過哪一個政黨，縱使在最後關頭或者在面臨壓力時。我批評過的只

是候選人所提出來的政見。蘭陽平原有些鄉親很不喜歡國民黨，也有很不喜歡民進黨的。我很了解，如果國民黨的候選人當選，不喜歡的人在未來四年也會讓她不好執政，相反也是。縣長選舉像政權保衛戰，一旦被奪走了，第一天開始就會想辦法如何在四年後把她拉下來。這個場景放大到整個台灣，道理也是一樣，只不過是縣長換成總統而已。鄉親很清楚，台灣再這樣下去是不行的，大家也都知道，現在跟過去不一樣，現在做縣長或總統是很難做的，如果再加上個人的能力不足時，那更會加快被討厭的速度。這要怎麼解決社會所面臨的問題呢？

現代社會的問題都不是單一的，通常是很多複雜的因素所交織出來，並且會在很快的速度下因著新變數又有所變化，時間一久，縱使是有天縱英才的領導人也很難解決。可能出現的場景是一個新當選人想要解決鄉親的一個問題，但她從第一天開始已經沒有時間去處理這個問題，有一天突然發現又要再選舉了。道理很簡單，台灣如果是一個可以解決問題的國家，十幾年來為什麼沒有辦法解決年輕人的低薪問題，如果專心處理這個問題，還需要搬出這是全球整體問題、這是國際經濟的問題還是台灣正在轉型的問題嗎？我有碰過幾位鄉親，他們有著相當悲觀與認

命的看法，他們認爲沒關係啦，最爛也是這樣，不要再爛就好。其實如果認眞問一些人爲什麼要從政，他們的看法可能會一樣，大家也不需要太驚訝。

蘭陽平原有一些問題是需要被解決的，例如農業與農地政策怎麼訂定、交通問題到底如何解決、經濟動能不夠導致就業與低薪的問題、人口不但老化還持續下降等等。它們在雪山隧道通車之後，以很快的速度出現，而且還會繼續擴大與加深。如果要面對這些問題，國民黨、民進黨或無黨的縣長都可能提出不同的看法來加以處理，但我做過副縣長，我很清楚爲什麼在這個階段需要無黨的縣長來處理問題。政黨的包袱太重了，除了其他政黨的牽制之外，錯綜複雜的政商關係以及同黨同志的互動都會讓一個縣長疲於奔命。可是有人會問，以前或其他縣市不都是這樣嗎？宜蘭所面臨的問題如同三十年前一樣，需要一個宜蘭總體的發展藍圖，需要明確訂定出一個可以再發展三十年的新方向，這需要整合各方不同的意見，特別需要整合不同政黨的意見，在這個地方，無黨是可以做得到的。但有人還會再問，難道國民兩黨不會一起來對付這個無黨的嗎？爲了他們四年後的執政。至少在沒有習慣性的對立之外，在新秩序的重整過程中，是比較有可能出現溝通的情

▲圖(十)　夜雨中的蘭陽平原，鄉親特地從家中倒了一杯熱茶給我。

境，另外在政治資源的重新分配上也比較容易出現大多數的政策共識。這是我從事這場社會運動的真正目的，它在宜蘭發展史上才有可能留下紀錄，只做縣長是沒辦法留下深刻的紀錄，因為已經有很多人做過縣長了。

就我個人而言，我真的很不喜歡在一個政黨內部彼此勾心鬥角，特別是這個政黨並沒有信念或中心價值的時候。這真的是在浪費時間，而且彼此傷害情感而已。有的人會說，把一個政黨發展到一個人民喜歡的狀況也是一項重要的工作，話雖如此，但應該還有比較適當的人去做。我認為一個知識分子、一位大學教授應該要做的事情，特別是要透過辛苦的選舉來做一些事情的時候，其所設定的方向應該是在全民，而不是為了這個黨去對付另外一個黨。很多鄉親朋友常常跟我說，選舉就是要贏，沒有贏的話，有再多的理想都沒用，而透過政黨是最快的一條路。這個想法並沒有錯，而且對於一個想要做事情的人來說應該是對的。大部分的人是這樣想的，你不要管別人會不會替鄉親做事情，如果你要的話，就要贏。是的，這場社會運動如果沒有取得政權，那怎麼把理想在蘭陽平原付諸實踐。我也想贏，我也想把我所規劃的治縣方略付諸執行，但一開始這場社會運動所設定的路線已經沒有空間讓我去

思考這個問題，它是一場試驗，一場對蘭陽平原是否真的是人民作主的試驗。

　　在政治場域太久的人，是不會了解老百姓在想甚麼的。2018年，國民黨大勝，馬上又上演爭奪總統的戲碼，如同往常的習慣一樣。這給老百姓的觀感真的很不好，大家已經看太多次了。全台灣的人幾乎都知道，國民黨大勝不是因為老百姓覺得國民黨很好，只是對民進黨失望而已。這是從政者的生活方式與迷思，對整個台灣而言似乎也是一個很難被扭轉的漩渦。國民黨在蘭陽平原也是大勝，作為一個知識分子，我希望宜蘭可以順利的發展，我不會像林聰賢說林姿妙如果做縣長，三天就會收攤。但可惜的是，無黨籍要在蘭陽平原中執政，好好的規劃宜蘭未來三十年的發展路線，可能機會已經不大了。在我看來，2018年是從無黨的陳定南老縣長以來，再次無黨執政的最好機會，可能也是唯一的機會。以後，不知道兩黨會不會同時出現這麼弱的候選人，也不知道會不會再發生類似這幾年所引起的民怨，讓宜蘭的社會力量可以再度集結。當然我不希望有民怨，我希望蘭陽平原的鄉親都可以安居樂業，這也是我的參選初衷。

台灣的政黨惡性競爭，在可見的未來應該不會停止的，因為兩岸的緊張關係不會那麼快有正常的發展方向。台灣的政治人物都會繼續捲進這個漩渦中，其所做的最重要的事情就是「每一場選舉」。除非台灣出現一個無黨籍的總統，也許會有所轉機，因為這是兩岸關係以及國內政治勢力結構的新出發點，那時蘭陽平原可能就會出現無黨籍的縣長或立法委員。出現無黨籍的總統看起來很困難，但可能也很容易，因為媒體的旋風現在在台灣是可以把不可能的事情變成可能。出現無黨籍的總統是台灣社會改變的關鍵，就如同我在蘭陽平原期待無黨籍的縣長可以真正改變宜蘭一樣。不論如何，這場社會運動帶給我最大的鼓勵與啟示，就是你可以真實的看到人心是在改變的，雖然只是局部或者在某種程度而已。

四、街頭演說、背水一戰

　　結合政治的媒體傳播一直以來被台灣人依賴著，也被質疑著。人們所看見的世界在某種程度上是媒體所剪裁出來的世界，我們是生活在這個被剪裁過的世界中。蘭陽平原要走出一個新方向而成為世界區域發展的典範，突破這個習慣與框架也是這場運動的實際目標。街頭演講作為最原始的理念傳播方式，出現在蘭陽平原當中並且正改變鄉親的視覺、感覺與認知，它的能量有多大也是一場試驗，一場在其他地方不容易被從事的試驗。

爲什麼很多人都說選舉需要錢，一部分原因是因爲透過媒體來打仗是需要錢的，除非是高知名度的戰區或候選人可以不用花錢，因爲媒體報導他們這件事情本身就是一個市場。我所從事的這場社會運動在最後並沒有成功，有部分原因是在蘭陽平原中沒有造成媒體上的能量。這有很多的原因，包括我個人的特質在媒體上沒辦法創造議題、沒有錢、無黨籍、政黨對決取得主要版面、媒體相對不發達的宜蘭環境，還有媒體的政治立場等等。雖然跟大部分媒體朋友是熟識的，他們也很關心我，但似乎市場並不在我這裡。

　　有很多的朋友跟我說，我的知名度不夠，我知道他們所說的主要是在媒體的曝光度，當然實際上很多鄉親也真的還不認識我，甚至不知道我是誰。就後面這個問題，我只能從行走233村里以來繼續到社團、社區與廟宇跑行程，2018年7月左右，我記得在宜蘭市、員山鄉，還有壯圍鄉都有鄉親跟我說，他們覺得我已經跑得比林姿妙還認真了。只不過這是在最後的一年而已，林姿妙已經跑了四年以上。要讓鄉親知道你是誰，這確實需要長期的經營，雖然宜蘭的人口並不多。陳歐珀的太太也很努力，她的認真讓很多鄉親認識她，也有些鄉親私底下說不知道是她還

是她老公要選舉。而我也沒有分身，因為沒有錢請分身，另外兩人的分身很多，每個鄉鎮幾乎都有。縣內大大小小的活動，如果看不到他們本人，通常都可以看得到他們的分身。蘭陽平原的鄉親至少認識一個候選人是很重要的，這個候選人有沒有能力雖然也很重要，但在很多例子上，其實也不是那麼重要。

　　怎麼樣才可以把理念在蘭陽平原散布出去呢？在這個相對安靜的地方，真的是一件具有挑戰性的工作。記得陳歐珀在2018年前後開了很多場關於政見的記者會，雖然媒體也有所報導，但其實只有很少的鄉親知道而已，如果現在回過頭來問鄉親，可能只有個位數的人知道它的內容是甚麼。林姿妙本人自然是沒有開過關於政見的記者會。我其實一直在找機會把理念散布出去，除了早就在臉書陸續把我的治縣方略公布給鄉親知道之外，也在找尋一般媒體的管道。但是單純的政見並沒有吸引力，沒有被媒體報導的焦點，大家都知道媒體報的都是有火花的新聞。我又面臨一個選擇，需要激烈或爆炸性的議題，或者針對其他候選人的火藥批判。但我的治縣方略都是鄉親的生活故事與希望，沒有爆炸性的。有些朋友跟我說，先開支票沒關係，選後再來收拾。我曾經評估過這個建議，在跟我的風

格與路線差異太大的狀況下，我還是找不到頭緒來處理。就這樣在最後階段政黨對決的狀況之下，我要在媒體上有所突圍已經不可能了。更重要的是我沒有錢，有幾個朋友實在看不下去，在最後一個月主動義務幫我在媒體上買廣告。他們還跟我說，我知道你要贏很困難，但我就是挺你的風骨與理念。

把理念散布出去對於我所從事的社會運動真的是太重要了，因為這是我僅有的武器，也是我的主戰場。在2018下半年，有越來越多的鄉親開始感覺兩位政黨候選人都支持不下去，但也不知道我的想法與政策在哪裡。有時候我在想，鄉親怎麼比較不關心兩位政黨候選人的理念在哪裡，反而比較嚴格要求知道我的理念在哪裡。我知道會關心我的鄉親，其實對我已經有著基本的期待。就我所設定的路線來說，社會運動本身應該就是理念的傳播才對。其實這是這場社會運動能量不足的問題，不是媒體對我刻意的漠視，也就是如果能量夠大，媒體朋友一定會來關心我的。不論結果是甚麼，我比較遺憾的是我沒有經驗去把這場社會運動做大，也沒有具體的辦法把團隊甚至外圍關心的人嚴密地組織起來，更沒有手段向蘭陽平原的各處進行地面作戰。如果這些都有，這場2018年的社會運動，對於

蘭陽平原來說會有更大的意義，縱使結果與輸贏不變。

　　我選擇了最原始的方式散布我的理念——在街頭演講，直接講給鄉親聽。從2018年7月15日到11月4日，我在蘭陽平原總共做了50場的街頭演講，在夜市、公園、市場還有馬路口。這是行走233村里之外，在蘭陽平原的另外一個紀錄。蘭陽平原沒有出現過這個狀況，我們沒有特定的對象，沒有動員人來聽，看到我的都只是他們日常生活中的偶遇。很多鄉親都看到我們了，我們通常有五個人左右，簡單的背板、擴音喇叭，還有一個肥皂箱。有些朋友跟我說，這樣到底有沒有用？到底有沒有人在聽？在談論這個問題之前，我跟他們說，蘭陽平原出現這種場景不是很有趣嗎？鄉親看到一個候選人這麼有勇氣與責任，頓時發現這就是我們的宜蘭，這不就是很值得了嗎？其實，鄉親都有在聽，只不過宜蘭鄉親不會圍過來，他們在原來的地方都在聽著我到底在講甚麼。這就是蘭陽平原，不像在台北市的百貨公司前面，如果有同樣的場景，通常會有人慢慢地圍過來。

　　我雖然在大學教了二十年的書，但突然到一個地方隨時向陌生人演講，也是第一次的經驗。記得剛開始在宜蘭

市的綠九市場，站在中間靠路邊的地方向大家報告宜蘭市以及整個宜蘭未來的發展方向時，買菜的買菜，賣菜的賣菜，好像只有幾個人偶爾看我一下，我還是一講就二、三十分鐘。講完之後，走過去跟整個市場的鄉親握手，他們跟我說，你講得很好，那個問題的解決方式很好。在往更後面的地方，有阿姨跟我說，你講太久了啦！前面幾個重點講一講就好，大家比較會記得。哇！原來大家都有在聽，而且還蠻仔細地在聽。鄉親覺得很好，一個想要出來為大家做事情的人，就是要這樣跟大家直接訴說，很負責任也很有勇氣。這是可以讓大家接受的方式，其實所有場次中的鄉親都有他們要支持的對象，不一定是我，但鄉親都很歡迎這樣的風格。我記不得那天早上綠九市場中有多少鄉親看到我，但我相信，他們回去會跟其他人說，他今天早上看到一個人在市場中演講。

我在這個地方跳過了媒體，直接跟鄉親報告我的理念是甚麼，同時也透過臉書的直播跟網路上的朋友互動，這些直播都還在臉書當中可以找得到。記得最後一場是在南澳鄉，我們站在南澳火車前面的蘇花公路路口，我對著人來人往以及車流不斷的鄉親報告南澳鄉的未來。我在每個地方所訴說的都是我之前在行走233村里跟鄉親所談出來

▲圖(十一)　鄉親們很可愛，看起來好像行色匆匆，但大家
　　　　　　都有在聽信華開講。

的心得，我在想如果這場社會運動有成功，第一天我就知道在哪個地方要做哪個事情，完全不需要準備或適應期。南澳鄉需要縣政府來協助，而不是需要縣政府來這邊建設。我相當不同意用漢人的觀點在原鄉部落做漢人期望的事情，所以根本的要點是要扶植在地年輕人來發展自己的家園。怎麼扶植？這在當地就需要有地方的共識，最重要的是創造在地的就業機會，南澳鄉當地可以發展的有養生有機村、民宿以及露營區。這是地方的需要，縣政府在這個需要上來協助發展，例如用地的取得、法令的修改或鬆綁以及交通的改善等等。

東澳到南澳這一段路還是要繼續改善，蘇花改到這裡時的車流確實影響到鄉親的生意與安全。在往海邊方向的海岸平原上有很突兀的高壓電塔，鄉親跟我說以前他們不知道為甚麼會有這些鐵塔，它們本來不是在山上嗎？怎麼跑到漂亮的海岸平原上。鄉親說，以前有一天早上起來，突然發現鐵塔的基座怎麼出現在他們的農田上，後來鐵塔接著很快就豎立起來了。他們覺得被政府騙了。我站在蘇花公路上跟鄉親訴說著，如果有機會幫忙鄉親，我希望可以讓電塔在平原上消失。其實往山上移，如果經費太過高，那一段把它地下化也是一種辦法。我覺得在原鄉部落

需要有暢通的溝通管道，很實際地了解當地的需求是非常
重要的工作，有時候這個管道會比議員還來得重要。

　　我到每個街頭都講述到那個地方怎麼發展，同時跟鄉
親報告整個宜蘭的未來在哪裡，當然也會以比較激昂的語
氣評論其他候選人的問題與政見。記得在這50場的街頭演
講中，我都提到「羅東經驗」的問題，雖然林姿妙已經要
負起宜蘭發展的重責大任，我真的也希望她能為宜蘭做一
些事情。但作為一個知識分子以及大學教授，我希望在這
裡對此做一些說明。我真的不知道「羅東經驗」是甚麼，
雖然知道這是選舉的一個手段，但知識分子總是不願含含
糊糊地看到一個術語在社會上被濫用。

　　記得在德國念社會科學的時候，德國人在談論「經
驗」這個名詞時是非常嚴謹與慎重的。在一個社會造成一
種「經驗」，首先必須存在一個相對清楚的生活方式、生
活風格與生活價值，它通常是之前試圖解決某些問題時慢
慢發展而形成的，這個過程在古今中外通常要持續著好幾
十年，甚至百年。並且是在這些時間過去之後，後人在面
臨一些新的問題時，回頭檢視與參考各種社會的發展軌跡
中認為之前確實有借鏡之處，在這裡才慢慢勾勒出這些生

活方式與價值。但這還沒結束，對於這生活方式與價值的勾勒，還需要在各種科學的相互理解與辯論之後，生活方式與價值才會出現清楚的內容。接下來，不論在科學還是日常生活中，這些方式與價值真的對於問題的解決以及社會的未來是一條路線時，部分的人才開始使用這種「經驗」的術語，而且不會是全部的人都會同意或接受。

林姿妙說2019年的元旦要恢復升旗典禮，這是她要把「羅東經驗」帶入整個宜蘭的第一步，因為她以前在羅東每年都舉辦元旦升旗典禮。舉辦元旦升旗典禮就是她所說「羅東經驗」的內容之一，我終於知道她想說甚麼，而且是在她當選縣長之後才知道。還有呢？也許以後會慢慢出現，大家可以拭目以待。

在大學教書的前幾年，我每天都很認真的在寫書，記得曾想把一些人講的「宜蘭經驗」做個整理並寫成一本書。但我得先弄清楚大家講的「宜蘭經驗」是甚麼，或者更根本的，到底存不存在一些人講的「宜蘭經驗」。為了這個初步的工作，我花了一些時間把陳定南與游錫堃兩任縣長的十六年中，釐清宜蘭到底出現了甚麼變化，這個變化讓宜蘭跟其他縣市可以區隔出來，並且其他縣市的人也

▲圖(十二)　夜市前人來人往的鄉親，熱情支持的老闆
　　　　　　　在背後喊著加油！

2018年的蘭陽平原
那一年我們創造的一場社會運動

認為這個區隔確實是有道理的。這個變化是甚麼？但至少不會有人想到有沒有元旦升旗典禮。

在這十六年當中，確實有一些清楚的變化，主要在三個方面，首先是在台灣的民主政治發展史當中，宜蘭自陳定南之後帶動了台灣政黨政治的發展，而且是一股來自基層的社會力量在帶動著。在其他縣市還在黨國系統所籠罩之下，宜蘭的社會力量在政治秩序上自己給自己一個發展的邏輯，這除了是在經濟發展不同於西部縣市的路線之外，在政治發展上因為這個邏輯也有著自己的路線。

其次，在生活空間的營造上，宜蘭的環境思維也取得了一個不同於西部的發展邏輯，運動公園、冬山河以及宜蘭特色建築都讓蘭陽平原特殊的環境取得人文的進階與昇華，甚至發展出代表一個城市的符號。這個地理與人文的生活環境在台灣是獨一無二的，同時非常的有遠見，因為它嵌進了全球社會的發展路線。

第三，在前面兩個基礎之下，文化立縣更是讓宜蘭取得了非常特殊的主體性，它是成功的。宜蘭年、童玩節、綠博以及博物館家族的營造都進一步讓宜蘭人有著自己的

生活韻律，從這時候開始，宜蘭已經開始在領導台灣的發展，宜蘭雖然相對上偏僻，但宜蘭人相對上也是驕傲的。

以上這個三個方向把宜蘭跟其他縣市區隔出來，重要的是，不是特定的人去區隔出來，而是在社會發展的過程中，依循著不同的生活韻律自己所區隔出來。在這個區隔中，宜蘭人有著自己的生活方式、生活風格以及生活價值，也就是有一個相對清楚的主體性。在今天的角度看來，如果其他縣市或者整個台灣在思考如何取得主體性，而借鏡宜蘭過去的發展路線時，我們可以說這是「宜蘭經驗」。

在學術以及實際的分析當中，我認為「宜蘭經驗」是存在的，並且是值得作為發展的借鏡以及學術上的研究。林姿妙自己講的「羅東經驗」是甚麼？升旗典禮之外，好像還有營養午餐免費。作為一個傳統的政治人物雖然有自己的勝選之道，但在蘭陽平原當中好像在賣膏藥，其實是對不起我們宜蘭過去的光榮，更顯現見識與能力非常膚淺。營養午餐免費有它的市場，一年約八千元不等的費用說實在的吸引著一些鄉親，鄉親的支持當然是民意以及民主政治的勝敗原則。但這不是「經驗」，營養午餐免費的

爭議必然在未來的時間當中會持續地被討論。在這場我從事的社會運動中，我認為宜蘭發展的新方向是宜蘭未來的關鍵。在台灣的政治環境中，新方向都是台灣在各種層面上突圍的動力。在2018年的選舉中，如果有縣市長候選人表現這個新方向的能力，我認為有高雄市的韓國瑜還有台北市的柯文哲與姚文智，至於有沒有實現這個新方向的機會，又是另外一種能力的考驗。

連結街頭演講的社會運動雖然也是在選舉，但我希望可以讓鄉親比較清楚的知道宜蘭到底有甚麼問題，宜蘭需要甚麼。向鄉親報告的訴求是給鄉親對於宜蘭未來的一種選擇，基本上我不是在做人身攻擊。我很清楚，鄉親認同我的理念就會支持我，如果認同陳歐珀或林姿妙的看法，鄉親自然會支持他們，這就是民主政治。雪山隧道通車十二年後的蘭陽平原中，我認為變化最大的鄉鎮是礁溪鄉，這很明顯的是在觀光客、交通以及飯店大樓林立的現象上。每個鄉親都有他的生活經驗以及看法，對礁溪鄉當然也有相當在地的見解，我的責任是把我所歸納的發展藍圖說給鄉親參考，這也是討論與溝通的開始。礁溪的舊市區發展已經飽和，加上交通的壅塞，其實已經造成生活品質下降的現象。

我在街頭演講時，跟鄉親報告礁溪鄉發展的新方向，首先可以以協天廟爲中心來思考新的礁溪。協天廟是全國知名的信仰中心，從這個地方出發，可以加深擁有溫泉之鄉的文化深度。往北在礁溪國小興建地下停車場，同時規劃鄰近的林蔭步行街道以及往較遠地區的接駁交通系統。協天廟往東連結二龍河，擁有超過兩百年歷史的二龍河可以加以整治，拆掉圍牆之後建設成一個具有文化深度的河濱公園與水道。這同時也把過於集中於舊市區的觀光客延伸到這個地區來，沿路可以發展適當的市集。協天廟往南到吳沙村附近可以發展成礁溪鄉的副都心，這裡沿路有很寬的省道與腹地，可以再討論如何發展出特色聚落，同時連結吳沙故居與開蘭第一廟澤蘭宮。協天廟往西至林美與龍潭地區，已經有的佛光大學以及龍潭養生產業的發展是新的動線。當然這裡有些是礁溪鄉公所的業務，但就整個宜蘭縣的整體發展而言，這些藍圖是可以加以參考，因爲它們是在我對全宜蘭縣整體發展中的一部分。我在街頭向鄉親訴說著這個藍圖，希望可以引起鄉親的共鳴，畢竟透過媒體是困難的，縱使透過媒體，也沒辦法講這麼整體，因爲媒體宣傳出去的都只有幾句關鍵的話而已。

在這一段時間中，陳歐珀跟我講了好幾次，他希望我可以主動邀請候選人公開辯論。我是同意的，也著手接觸縣內幾個公正的平台來處理，但他們跟我的判斷一樣，林姿妙不可能參加。他們的看法也很特殊，因為林姿妙不會參加，他們籌畫的意願也不高。陳歐珀是可以講出東西的，我很有興趣，我要講的東西也都在我的腦袋當中，其實不需要太多的準備就可以上場。因為有這個過程，後來我一直沒有處理這個事情，因為沒有平台，如果我主動邀請，也只是一瞬之間的叫陣而已，沒有太大的意義。

所以我在蘭陽平原的街頭繼續宣傳我的理念，記得有一天晚上八點多來到飄著微微細雨的南方澳漁港，站在南天宮前的碼頭邊向著稀疏來往的鄉親演講。這一晚上讓我想起我在德國留學時，有一天晚上也在漢堡的港口看著德國的風土人情。我記得那時的心情，德國人在這個連結世界的窗口中看到的是一個充滿未來性的世界，那是有豪氣的，有雄心壯志的。在我身後的就是南方澳漁港，宜蘭有101公里的海岸線，但我知道的是一個可能會沒落的漁港。未來十年內，這裡可能沒有人出海捕魚，也可能沒有魚被捕。到那時，漁港就不再是漁港，這麼漂亮又富有宗教文化的漁港如果消失，是多麼可惜的事情！我跟鄉親訴

說著我的擔心，我也跟鄉親報告可能的解決方案，我是多麼希望宜蘭可以在世界中亮起來，以我的見解與能力帶領宜蘭向世界出航。

街頭演講所選擇的地點並沒有特殊的理由，只要那個地方有比較多的人群，我們就去那個地方。我之前用雙腳把這些地方都走過一遍，現在又回到這些地方跟鄉親報告我的治縣方略，這就是這場社會運動的基本主軸，我希望可以透過這個主軸在蘭陽平原當中進行一場寧靜革命。有媒體朋友跟我說，這樣的方式真的是一場試驗，他也說不準到底會失敗還是會成功。2018年的這個時候已經跟以前不一樣了，鄉親在2016年根本認為這場社會運動不會成功，在2017年時覺得不一定喔，到了2018年，鄉親認為不一定會失敗，但會不會成功也不知道。這是一個很特別的經歷，我們不是用錢、用樁腳或用組織在運動，我們真的是用意志與理念在運動。

在五結鄉的幾場街頭演講中，我記得很多鄉親停下來給我們鼓勵，還有人買飲料給我們喝，他說這樣才不會講到燒聲。五結鄉有很多的民宿，特別是在協和、利澤和五結村附近，我知道他們的困境，真的是哀鴻遍野。這原因

除了我在前面已經講過的農地政策之外，還有觀光已經過於表面化的問題。我在行走233村里時，看到旁邊的冬山河除了舉辦童玩節那兩個月之外，整個冬山河幾乎都沒有人，當然早上有晨運的一些鄉親。這真的是一件非常可惜的事情，這麼漂亮悠閒的冬山河並沒有帶動周邊產業的發展，自然旁邊的民宿業者經營得會很辛苦。宜蘭的觀光沒有深化，雖然有好山好水，但雪山隧道通車十二年後給大家的印象就是塞車。

蘭陽平原是一個非常適合心靈沉澱、身體放鬆的好地方，應該順著全球的潮流往這個地方把觀光加以深化。大家有沒有注意到晚上的宜蘭沒有地方去？除了羅東夜市，這個被林姿妙說成是全世界最進步的夜市。殊不知其他縣市的夜市長得甚麼樣子，坐井觀天自我安慰變成一則笑話而已。觀光客不是為了要到羅東夜市才來宜蘭，而是想來宜蘭但晚上沒地方去才到羅東夜市。觀光客在這種情況之下，過夜的機會就變少，民宿業者的市場二十幾年來一直都沒有打開，反而持續在萎縮當中。冬山河兩岸應該可以透過法律的處理，把它變成夜間的觀光亮點。在很嚴格的建築審查之下，一層半到兩層的地景宜蘭厝，一間間的咖啡館、茶藝店或Pub，讓長達幾公里的冬山河兩岸變成整

個台灣甚至亞洲的夜間休閒場域。在這裡，看著優美的山水、聞著東岸的海風，縱使下著雨，看著蘭陽平原的雨也是一種幸福。

我在街頭向鄉親演說的內容都是可以做得到的，有的甚至不需要縣政府花錢。例如在員山鄉的幾場演講中，我跟鄉親說在員山鄉走路真的是一件很幸福的事情。我很徹底地走一圈，員山鄉的地理、風情與人文都不會輸給花蓮的鳳林鄉、苗栗的三義鄉與南庄鄉，以及嘉義的大林鎮，員山鄉早該成為台灣的第五個國際慢城，這只是看縣政府要不要、用不用心而已。我認為在員山鄉不應該有改變太劇烈的建設，這裡真的是好山好水，如果它是個國際慢城，這裡的產業會在最自然的方式中得到最大的發展，鄉親可以賺到錢，整個員山鄉馬上可以國際化。

我知道在蘭陽平原，我不能說要讓宜蘭變成全台首富，因為這除了做不到之外，更重要的是要在環境與經濟當中保持平衡，取得宜蘭永續發展的空間。這是比較整體的發展思維，但我也知道有些鄉親會說，賺錢是真理，不要管那麼多。宜蘭鄉親如果要像台北都會區一樣，其實很簡單，它的發展路線就從過去的桃園縣發展成現在的桃園

市一樣就好，讓蘭陽平原變成大樓與工廠，人口可能很快超過一百萬。但這樣的發展路線在宜蘭並沒有共識，甚至有很多人認為是不宜的。我個人也認為不宜，在全世界大都會的發展經驗上，宜蘭在大台北地區中，也就是在北北基宜中擁有相當得天獨厚的生活環境。這個生活環境必須跟北北基有所互補，更重要的是在這個互補中取得主體性。世界各大城市規模都越來越大，它們現在最精華的地區都已經是在都市的周邊，這裡有新興的產業、新的生活步調以及新的文化精華，很多城市中的人現在都嚮往這些地區。宜蘭在大台北地區中，應該勇敢地走出去並取得主體性，首先要很清楚為宜蘭在這區域中做出定位，我想它是生活居住區。如果是這樣，蘭陽平原在環境與經濟的發展當中勢必保持平衡，這才是全球城市發展的經驗，以及蘭陽平原永續發展的路線。

我知道鄉親並不一定會馬上認同我的理念，因為沒有像免費營養午餐可以立刻得到利益。有的鄉親也在期待林姿妙上任，因為他們認為她會全面開放農地的政策，這裡面當然有很大的生計與利益。其實在我的治縣方略中有整體的想法，既可以讓從事建築、房地產、仲介業以及園藝業的鄉親賺到錢，也可以保留蘭陽平原的好山好水。它是

宜蘭在全球城市發展經驗中的一個新方向，特別在雪山隧道已經將北北基宜串聯在一起的今天。雪山隧道通車之後的宜蘭一定要有新的方向，四十年前陳定南縣長其實已經為宜蘭走出了一條路，從今天看來，一方面這一條路似乎很難被改變，另一方面它所限縮的就業與產業市場必須有所突破。在這兩方面的平衡上，我的治縣方略希望可以為宜蘭走出新的經驗，更重要的是未來三十年發展的基礎。這個新方向同時也是我所從事這場社會運動的方向，我希望可以帶領宜蘭鄉親北出雪山，把宜蘭的生活方式與價值輸出，讓宜蘭再次領導台灣的發展。

在市場與夜市的街頭演講中，我知道我對宜蘭發展的理念不會馬上得到鄉親的興趣，因為辛苦賺錢是這裡鄉親的真實故事。怎麼賺更多錢，生活負擔怎麼可以減低，小孩子怎麼可以平順地長大等等，是鄉親最基本也是最卑微的要求。現在的生活都過不好了，怎麼會想到宜蘭未來的子孫？我所提出的新方向與整體發展策略著實重點是在整個宜蘭的未來以及子孫的生活競爭力，我可以了解鄉親最後的決定，也尊重鄉親的選擇。

2018年的蘭陽平原
那一年我們創造的一場社會運動

在這場社會運動中，我沒有辦法像林姿妙說營養午餐免費、陳歐珀說加碼老人晚餐。我做過副縣長很了解，說實在的，如果要做這些，其實很簡單，下令把預算編出來然後跟議員做好關係就是了，其實根本不用動腦筋，也不需要知識，更不需要對宜蘭整體發展有深入的了解。面對這些鄉親，政治人物真的要好好做事情，因為他們真的很單純、很純樸，也很容易相信人。我最不想看到的是政治人物一旦在位了，自己賺自己的錢，而讓鄉親又一再的後悔。這是真實的，就如同我在序幕中已經提到的，幾年前蘭陽平原的民怨是如何起來的，鄉親的相對剝奪感是如何釀成民怨的，因為鄉親看到自己越來越窮，而在位的政治人物好像越來越有錢。

　　在用雙腳行走宜蘭233村里時，我深深的了解到鄉親最卑微的要求是甚麼？其實是社會治安。鄉親看電視時，有時候看到很生氣會把電視關掉，大多是看到電視在報導殺人犯罪的事，這已經很生氣了，覺得社會真的很亂。但更生氣的是，鄉親看不懂法官對這些犯罪者的判決，怎麼常常跟鄉親想的不一樣，到底是在幹嘛？鄉親在鄉下本有著很悠閒的生活，節儉生活也就一天過一天，但對這個現象真的受不了。鄉親認為我們國家的刑法刑期太輕，也認

為我們的法官很奇怪，整體而言，鄉親不信任台灣的司法。這個問題真的很嚴重，任何一個政黨執政之後都要司法改革，但我在2018年蘭陽平原所看到的鄉親中，人民還是不信任台灣的司法。我在後來的街頭演講中都講到這一部分，我記得鄉親是比較有反應的。

在我的治縣方略中有一個重點，就是要天天掃毒，至少讓毒品不能進入校園。就我所知道的，宜蘭國中國小吸毒的學生有越來越多的傾向，我本身作為一個教育工作者更無法接受，所以我真的決定如果我做縣長，一定親自領軍天天掃毒。我看到鄉親在聽我訴說這個事情時，他們確實認為是很重要的。很多縣市都強調掃毒，但總是缺少一件事，就是縣市長沒有跳下來親自領軍。如果交給幕僚去處理，我再清楚不過，只會持續一段時間之後就不了了之。

在蘭陽平原中即興地做了50場街頭演講是一件令人懷念的事情，也是這場社會運動在宜蘭留下的痕跡，如果事情可以重來，我還會再做一次，而且講個100場。我覺得我站在世界上，真實地站在人生的每一刻上，我不是在深山禪林中看到自我，而是在萬丈紅塵中看到自我。這讓我

想起西方國家的社會理論家在告訴自己只有透過社會運動才可以改變世界時，其實他們也在看見自己。一場社會運動要讓人們看見的不只是真實的社會，同時看到真實的自我。宜蘭的鄉親啊！宜蘭怎麼可以更偉大？雖然這沒辦法當飯吃，雖然這沒辦法讓大家馬上富有，難道我們連編織夢想的勇氣都沒有嗎？

時間來到了最後的一個月，我同時也感受到古今中外的戰役中甚麼叫背水一戰。沒有資源，沒有組織，也沒有媒體，期待的只是人心的可能改變。說實在的，在決戰的十天以前，我仍然相信宜蘭是會改變的，因為我所掌握到的訊息仍是如此。最後十天到底發生了甚麼事？除了更加激烈的政黨對決之外，當然還有原因，這個原因我不想在類似回憶錄的敘事中談及。在寫完這個回憶錄之後，我比較關心的事情是這場社會運動在蘭陽平原到底產生了甚麼影響，這需要花點時間來觀察、記錄與分析。我知道的是這場社會運動不會在蘭陽平原中就這樣地消失，它還會依著因緣而持續與再起，知識分子的性格就是這樣，它往往跟傳統政治人物是不一樣的。

五、北出雪山、初征未捷

　　這場社會運動所累積的能量不夠大，其所設定的實踐目標也因此終告失敗。諸多的原因都是我們在了解社會轉變歷程的重要參考，更重要的是蘭陽平原未來發展的借鏡。而這同時也在告訴我們，我們所處的社會是甚麼？我們想改變又不容易改變的事情是甚麼？

「兩個政黨候選人都投不下去」和「不要讓那個黨贏的辦法，就是全力支持這個黨」兩個心情是鄉親在最後決定的重要因素。我從事的社會運動因為累積的能量不夠大，所以沒有出現第三個因素「無黨是會贏的，讓無黨的做看看」。蘭陽平原並沒有被我真的震撼到，雖然有10.95%的鄉親相信無黨有執政的可能。

我設定的寧靜革命也許太過寧靜了，在最後階段並沒有爆發力。我最後知道人心的改變是需要引線的，一條可以感動人心的引線，並且在最關鍵時刻它可以引燃一片火海。很多人在講選舉到最後通常會有西瓜效應，確實是如此，一方面鄉親希望他所投的票是會有效的，另一方面也有很多鄉親是在乎有沒有氣勢的。在這個西瓜效應中，其實候選人的品德、能力與操守都已經變成其次的要素了。我設定的是人心會因著理念與感動而改變，所以兩年來所從事的社會運動都把它定調為一種寧靜革命。但這少了重要的東西，就是另一種改變人心的表面因素——氣勢。寧靜與氣勢有時候是衝突的，但我現在相信氣勢比較重要。就連選舉開跑的前十天，我們出去的車隊太單薄，鄉親都感覺氣勢不夠。我跟團隊的說，車隊不需要太長，當然是因為沒有足夠的資源把車隊擴大，但我真的覺得車隊太長

會影響到民眾的交通與生活。

有時候我在想，古今中外有甚麼例子是寧靜革命的？所有成功的農民或社會運動不都是激烈的嗎？其實西方民主國家的選舉縱使出現重大更替，通常也是寧靜革命，只是在台灣的選舉不一樣，選舉確實需要激情、能量甚至集體動員。這場社會運動雖然沒有成功，但我仍然認為是值得的，因為我真實看到一些鄉親真的在改變，這是非常難得的經驗，一種充滿踏實、力量與感恩的經驗。

「兩個政黨候選人都投不下去」在2018年11月的蘭陽平原是真實的，為什麼沒有繼續發酵到最後一天？為什麼在這個時候，我在較具優勢的青年族群中還有人不認識我，甚至不知道有我這個人？他們感覺沒甚麼好投的，這次不想投票，或者訴說怎麼這次宜蘭沒有第三個人可以選擇？我的努力真的不夠，這場社會運動在最後的階段真的力道不足。很多鄉親投不下兩黨候選人，但最後為什麼還是投了？因為我沒有讓鄉親信任到我是會贏的。今天我發現這個事情很重要，因為沒有「信任」這個東西，再怎麼選都是輸的，任何的社會運動都會失敗。記得那時候在蘇澳一場行程，碰到一位在蘇澳上班的公務員，他跟我說他

接到的任何民調電話都是支持我，但當問到他認為誰當選機率最高時，他說是林姿妙。他跟我講這件事情主要的目的是他覺得相當無奈，明明知道誰比較有能力治理縣政，但不會贏。其實這樣的故事在很多鄉鎮都有鄉親跟我說，我在這裡不是自我氣餒或者自己往自己臉上貼金，這是真實的故事。

有10.95%的鄉親相信無黨有執政的可能，這同時表示有這些數量的鄉親不相信民調。在這場經歷中我更看到以前在學校所臆測的事情，民調是可以處理的。我在這裡跟鄉親報告，如果我有錢，我可能會去做一個對我有利的民調，因為這真的會嚴重影響到鄉親的投票行為。每個縣市不同陣營做出來的民調都很有趣，在最後二十天，宜蘭藍色陣營做出來的民調是將近50%的支持度，幾乎同時綠營做出來的民調是綠營領先。這是作戰的一種武器，雖然在最後的時間不一定有效，因為鄉親會覺得很納悶，怎麼兩邊差異這麼大！但如果早點操作這件事情，這個效果會非常驚人。藍營在2017年就開始，一路一直到最後階段，這在蘭陽平原已經造成一種氣氛，鄉親不會講民調是不是真的，但通常都會把誰的民調最高這一件事情掛在嘴邊。這是相當有效的，縱使你不認為這個人有能力治理縣政，

但你會相信這個人在最後會當選。這是一個真實的經驗，也是台灣的社會現實，這時候我在想為甚麼會有民調？民調的存在是不是有它科學上的意義，只是我不知道呢？

這是一個資訊傳播最為開放的社會，任何一個訊息在民主社會中理論上都不應該被限制。民調的意義也許是資訊權利的一環，理論上它只是參考性質的資訊，就如同氣象資訊應該要可以被拿到，如果鄉親想知道的話。提供氣象資訊的機構好像比較公正，雖然有時候也會被罵，但提供民調的機構到底應該是甚麼？我們好像沒有去思考過這個問題。另外在這場真實的經歷中，民調在最後階段真的是一種選舉武器而已，而且是有錢的人才玩得起。這對民主政治發展的意義又在哪裡呢？我認為至少是不在選前十天不能公布民調，而是在登記為候選人的時間截止時就不能公布民調。因為大家成為候選人時，這個候選人當選機率多大應該只存在於鄉親內心當中，不應也存在於政黨、媒體與機構當中。媒體與機構需要報導的是這個候選人的政見與選舉活動。我認為這樣才有最低限度的公平，特別對於無黨籍，或者一個沒有錢的年輕人，可是他有心要為鄉親服務的年輕人。

▲圖(十三)　長輩們很願意將心事說給我聽，蘭陽平原
　　　　　　有美麗，也有哀愁。

民主政治所運作的基本原則其實也是這場社會運動的基本想法，鄉親應該要知道候選人的政見內容以及講述政見時的能力，然後來判斷要選給誰。這不是選賢與能的基本道理嗎？我也是這樣認為的。在2018年11月，宜蘭縣選舉委員會辦理了十二場的鄉鎮市公辦政見發表會，兩場的電視公辦政見發表會，這也是在民主政治的基本道理當中所設計出來的，不是嗎？但實際上比較令我驚訝的是在十二場鄉鎮市公辦政見發表會中，到場聆聽的鄉親真的少之又少。記得在宜蘭市的場子中，有記者還諷刺地報導，宜蘭市縣長公辦政見發表會有三隻狗是忠實的觀眾，沒有看到人來聽。這是真的，那三隻狗是在那場子邊的流浪狗，牠們在觀眾席當中走來走去，不然就趴在地上休息。那一場，幾個候選人其實是在對著空氣講話。其他十一個場次也差不多。縱使是這樣，我每場都到，而且都到最後一秒結束時才離開，五個候選人當中只有我做到這一點，這在選委會當中是有紀錄存證的。

在十二場鄉鎮市公辦政見發表會中，有一個候選人從來沒到過，就是已經當選縣長的林姿妙。大家必須接受民主制度運作的結果，包括我也一定尊重鄉親的決定，但這個場景是甚麼呢？她為甚麼連一場都沒到的原因是甚麼？

相信宜蘭很多鄉親都知道，我不在這裡多做敘述。但如果認為反正我可以選贏就好，或者我已經選贏了不然怎麼樣，我真的希望鄉親不要這樣想，因為這真的是汙辱我們作為民主聖地的宜蘭。有沒有錢或者民調高不高是妳的事情，策略上的逃避只是隱藏著一顆沒有人民的心而已。我有權利這樣講，因為在這十二場冷清的政見發表會中，我站在台上訴說我的治縣方略時，我的內心很清楚地告訴我這一點。會贏不會贏在這裡不是重點，重點是有沒有真誠地對待人民，甚至有沒有真誠地對待自我。一個沒有真誠對待自我與對待人民的人，她表面上認真握手的真相只是一個沒有自信的內心而已。這在西方民主國家是不可能發生的，甚至在其他縣市也不會發生，這不是相互攻訐的辯論會，它只是向鄉親報告政見的發表會而已。我不習慣去揭露他人私底下的種種，我所講的是公共事務當中應該講的，在公共事務當中，大家都應該受到檢驗與批評，這也是民主政治運作的基本道理。

在這次2018年的蘭陽平原中，也有一些非傳統政治人物想出來為鄉親服務，特別是在宜蘭市與羅東鎮。在我看來，他們確實比較有理想性格，在知識層面也比較寬廣。但就結果而言，他們仍敵不過傳統的政治人物。所謂傳統

政治人物就是一直在選舉的人，並且以政治為職業，他們的優點是累積相當多的政治經驗與人際關係，在處理公共事務的時候確實也比較熟悉。但缺點除了大家知道的包袱比較重之外，我覺得在選舉的時候比較會勢在必得，因為如果沒選上就失業了。因為這個關係，沒有退路的戰爭顯現出來的仍然是傳統的選舉方式，這就是台灣的地方政治。很可惜的，初入戰場的年輕人並沒有機會，當然這並不是說傳統政治人物來處理公共事務就不好或者沒有希望，而是本可以改變的蘭陽平原依舊沒有一個新的起點。就時間的縱軸而言，這些年輕人如果當選，他們過了幾屆也許也會變成這裡所說的傳統政治人物，但就一個社會而言，陸續有年輕人加入總是一件好事情才對。整個台灣到底是為了政權保衛戰在選舉？還是為了不要失業在選舉？還是為了台灣的出路在選舉？也許這三者都包含在一起。

在最後的一個多月中，蔡總統十次到宜蘭來輔選，除了是一場政權的保衛戰之外，更訴求宜蘭不能沒有民進黨。其實我可以同意台灣需要民進黨來建立政黨政治，畢竟民進黨已經執政過兩次，而且在台灣的民主政治發展史上確實扮演相當重要的角色與功能。但說宜蘭不能沒有民進黨，就看不出它的意義是甚麼，難道宜蘭是民進黨專屬

▲圖(十四)　青年頭家説，他會繼續爲蘭陽平原奮鬥的。

的？難道作為民主聖地的宜蘭是民進黨創造出來的？事實上並不是如此，它是黨外老兵以及宜蘭的社會力量創造出來的，民進黨只不過是延續這個傳統在宜蘭執政很久而已。所以蔡總統這個訴求並沒有引起多數宜蘭人的共鳴，甚至讓鄉親不知道是甚麼意思，這十次只是把政黨對決劇烈提升而已。

也許在他們的戰略中，政黨對決是可以取勝的手段，但在2018年的宜蘭，就如前面幾部分我已經說明的，剛好是民進黨會失敗的關鍵。因為在這兩、三年的宜蘭局勢中，政黨對決的結果就是國民黨的候選人勝出。這同時也把我所從事的社會運動限縮到最小的空間，無黨籍所建立起來的能量又回到政黨的歸屬之中。我其實比民進黨中央的人更了解宜蘭，他們的戰法剛好會失去戰場，並且讓宜蘭社會力量的興起再次地沒落。在這過程中，我提醒過他們好幾次，如果戰法策略不改，蔡總統所說的宜蘭民進黨榮耀剛好會輸給最不想輸的國民黨政權。但在作戰的人總是不相信自己會輸，這也是古今中外的正常狀態。

政黨對決的局勢讓這場寧靜革命的能量在最後十天迅速地瓦解，但我在這裡敘事這個並不是說宜蘭非得要我來

領導不可，在民主社會中並沒有甚麼道理指出一定要由誰來領導，我只是在檢討這場寧靜革命為甚麼會失敗。也許有人會說整個台灣也只有台北市的柯文哲是以無黨贏得勝選，無黨籍不會贏不正是常態的嗎？話雖如此，但知道為甚麼會失敗的原因仍是很重要的。至少要告訴大家，宜蘭人不是沒有理想的原因在哪裡？宜蘭鄉親不是沒有努力過的原因在哪裡？這對蘭陽平原的歷史是重要的，也對未來沒錢的年輕人如果要替鄉親來服務，知道這個失敗的原因也是很重要的。但嚴格說來，我們說政黨對決也不是那麼精準，宜蘭國民黨員約有一萬八千人，民進黨員約有七千人，總共也才約兩萬五千人左右，占出來投票的總人數約十分之一。也就是在2018年的蘭陽平原中，出來投票的十個人當中有一個人具有黨籍身分。其他九個人呢？為甚麼在最後關鍵會因政黨的因素來決定投票的行為，他們也許可以被歸類為泛藍與泛綠。

在宜蘭的傳統中，有人認為泛藍與泛綠的比例大致是45比55。所以這應該說成泛藍與泛綠的對決會比較精準，如果是這樣，那宜蘭的中間選民跑到哪裡去了呢？宜蘭的中間選民到底有多少，應該沒人可以說得準，如果以2018年的例子而言，應該就是支持這場社會運動的10.95%，

大約三萬人左右。但我認為，實際上應該超過這個數字，因為除了我的努力不夠之外，有些中間選民並沒有支持我，因為他們認為我不可能會贏。我認為宜蘭所謂的中間選民應該在總投票人數的三分之一弱，大約七萬人左右。如果有一個泛藍泛綠都可以接受的強勢無黨候選人在宜蘭出現，泛藍與泛綠總共也可能會有五、六萬人左右轉向這裡。蘭陽平原如果出現非常強的無黨候選人，在天時、地利與人和的最佳條件下，它的最大能量上應該會得到十二萬人左右的支持，這是可以改變宜蘭的政黨政治。這是我所認為的最大能量，這次我只取得這能量的四分之一弱而已。

但這個算法是理想的，未來蘭陽平原很難再有這個機會。有時候有些人的情緒很激昂，一下子說民進黨會爬不起來，一下子說國民黨會爬不起來，但這應該都不會變成事實。在很多層面上，台灣是個典型的美式社會，包括政治也是，兩黨政治在台灣似乎已經變成一個模式，而國民黨與民進黨也似乎是這個模式當中的主要因子，不論在過去還是未來。年輕人呢？據一些人的看法，台灣五十歲以下的鄉親幾乎沒有政黨的選擇與設定，甚至是討厭政黨的。這在某種程度上是真實的，我所知道的年輕人也是這

樣，他們特別不喜歡國民黨，其實我也不是很清楚它的原因是甚麼。縱使是如此，未來的年輕人也不見得會有選擇的機會，因為政黨從上面運作下來，擺出來可能勝選的候選人也許都是兩黨的，年輕人如果不喜歡政黨，最多是不出來投票而已。這裡所說的是大致的未來景象，當然不排除一些特殊的例子。就2016年的蘭陽平原而言，國民黨在總統立委選舉上可以說是慘輸，那時有些人會覺得國民黨在宜蘭要瓦解甚至消失了，但只隔了二年，國民黨在宜蘭又取得幾乎全面的勝利，沒有人可以清楚說出這在民主原理上是甚麼理由，只有大家常訴說的，因為民進黨做得太爛了。上了年紀的鄉親可能都已經習慣這樣的日子，但有時候我在想，我們未來的世代呢？他們也許在一次又一次的經歷當中也會習慣的。

這幾乎是已經定型的兩黨政治，它也涉及到難解的兩岸關係。作為一個大學教授，二十幾年來最難以釋懷的是我們未來的世代難以取得清楚的國家與文化認同。這對他們是不公平的，一個人誕生在台灣，但他卻一直在我是台灣人還是中國人，或者台灣人也是中國人，或者是中國人也是台灣人等變項中做選擇。我們的陸委會還定期調查上面選項的變化，由這些變化來告訴大家現在是甚麼情況，

我們的年輕人還在念書時就一直在這個身分之謎當中成長。這兩岸關係在歷史與國際的既定結構下真的很難解決，政治人物與主要政黨看起來只能用模糊的態度來面對。我以前相信台灣不一定會走上兩黨政治，但在這次蘭陽平原的真實經歷中也發現一件事情，就是要突破兩黨政治也是相當困難的。有人說透過媒體可以改變這種社會狀況，但媒體其實也是這兩黨政治中的一環。在台灣如果說媒體沒有特定的立場，那大多數的台灣人是不會相信的。另外這一段時間所興起的網路媒體也扮演一些角色，我不知道其他縣市的狀況如何，但在宜蘭我所看見的是一種新的經驗，我不知道他們是媒體還是特定陣營的新聞單位，宜蘭鄉親其實自有判斷。

在這場社會運動中，我個人的核心價值是把我對一個社會發展的想法一件一件地付諸實行，同時在一段時間之內觀察這個社會是不是真的依照這個方向前進。這是所有社會科學家想做的事情，特別是歐陸的社會科學家。歐陸的社會科學家在分析事情的時候很嚴謹，對於社會之所以運轉的道理也有著相當深入與傑出的研究。對於一個社會的未來，他們也有著非常合乎邏輯的政策系統。我在德國留學，不只了解以上這些事情，我也了解他們對於一個社

會的關心與憂慮。我從事這場艱辛的社會運動，同時也在完成上面這個工作。如果這場社會運動有成功，那宜蘭未來的四年發展其實將會被放在最嚴謹的社會科學平台上來進行，包括它的修正與控管。它有一個基本的邏輯，宜蘭在雪山隧道通車之後，從後山變成北北基宜生活圈，它需要一個新的發展方向，一個在區域合作上的新方向。這是必然的，因為十二年以前，宜蘭發展的思維就在宜蘭區域內運轉，但現在不一樣，門戶已經被打開，這是一個可能被邊緣化也可以是順勢國際化的十字路口。

在這場運動失敗以及結束之後，我已經不知道宜蘭未來的發展會是甚麼。也許會比現在更好，也許會有很多鄉親是滿意的，但至少我不知道它的內容會是甚麼，這還有待未來的觀察。在這場社會運動中，我也看到我在德國所學的社會科學之優劣處在哪裡。

德國的社會科學已經領導全世界兩個多世紀了，其中哈伯瑪斯的溝通理論是重要的一派，它在預設了一個理想的溝通情境之下，部分人是可以在社會互動當中對於一些事務取得共識並因此而展現批判的取向，而這也是社會進步的動力。我看到這是可能的，但僅止於一小部分人，它

不會是整個社會的運作邏輯。整個台灣或宜蘭社會不會輕易有一個讓大家相對理性的互動空間，也就是理想的溝通情境確實只是方法論上的假設。但在一小部分人當中是可能的，我在蘭陽平原看到一些小眾群體是可以溝通的，大家在某種程度上也是可以達成共識並且希望改變宜蘭的一些事情，這是具有批判精神的。批判不是為了反對而反對，為了反對而反對的大眾是在政黨對決當中出現，批判主要是在中間選民當中出現，他們並沒有投入政黨漩渦之中。

哈伯瑪斯的見解比較能反映出西方社會的狀況，但在台灣並不是那麼適用，甚至有時候很多人會認為台灣是一個相互不信任的地方、惡鬥的地方，剛好不是他的理論所要敘事的地方。但我要說的是我所從事的社會運動其實是建立在哈伯瑪斯的理論邏輯上，只有透過這個基礎，我們才能訴說出宜蘭發展的新方向。所以在蘭陽平原，這場社會運動本身也許一開始就註定很難碰觸到底層，並且只會以小眾的形式來累積能量，如果希望這場運動的場域是整個宜蘭社會，在理論與實際上都不是那麼合理。

倒是德國另外一派的系統理論在台灣有比較大的說明能力，社會科學家盧曼認為我們的社會越來越複雜並且在很多層面上的規則已經形成自己可以運轉的系統，人們只是生活在這個可以自主運轉的系統當中，人們其實並沒有太多的選擇與判斷的空間。整個社會就是各種系統不斷運作的生活場域，如果人們要有所批判或卑微的改變期望，在邏輯與現實上並沒有太大的空間。整個台灣社會，或者小到宜蘭社會所呈現出來的確實是這個現象，政黨運作、媒體運作甚至大家自己沒有發現的政治習慣，在某種程度上都自主地在運轉，大部分人其實只是在這個漩渦當中去投下那一票而已。我們在這個社會系統當中並沒有太多的選擇能力，更何況是判斷能力，這不是鄉親的問題，而是我們當今的社會就是這樣。

　　也許生活在以前傳統社會的人們會有不一樣的狀態，那是因為傳統社會有著不一樣的運作邏輯。如果是這樣，有的人可能會說，那我們在這個世界中不就毫無改變社會的能力，當然社會是一直在改變當中，但不是因為我們的理性或抉擇在改變，而是在一個幾乎已經是人們無法想像與控制的狀態之下在改變。我相信這個系統理論對於台灣社會比較有解釋能力，因為在這場社會運動中我所看見的

是如此，也許很多鄉親希望跟著我改變，但他們在社會運轉之下並沒有太多的自主性。有時候大家會覺得台灣社會很亂，雖然相對於西方國家確實是如此，但就整個世界而言，西方國家也很亂，亂的原因是在於心理，因為人們在心理層面已經不了解自己的社會進而產生一種焦慮感，覺得社會很亂，正是來自於這種焦慮感。所以覺得社會很亂倒不是因為這個社會沒有章法，而是一種作為人的心理焦慮感，其實社會還是依照自己的步伐與秩序在往前邁進。

另外也有一種偏向歷史觀的看法，他們認為社會在朝一個方向運轉，到一個階段而需要改變時自然會出現一個代言人，這個代言人深黯這個社會的特性與需求。這個代言人看起來不是特定被選擇出來的，而是在各種社會力量的角逐當中被平衡出來的，所以看起來似乎是一種偶然，雖然在理論當中他必然會出現。這個代言人並不是我們想像的聖人或者沒有缺點的人，他只是在社會改變的關鍵時刻出現在我們面前。在我看來，朝向民主政治發展的台灣社會代言人，2000年開始政黨輪替的陳水扁是一個，還有在未來可能出現的無黨籍總統也會是一個代言人，如果有可能出現的話。在蘭陽平原中，大部分鄉親還會談到陳定南縣長，似乎他在宜蘭人心目當中是重要的，或者在宜蘭

2018年的蘭陽平原
那一年我們創造的一場社會運動

社會發展史上是重要的。確實是如此，他在宜蘭發展史上首先終結了黨國執政，爲宜蘭開創出一條新的道路，因爲這個代言人的特質而讓人們記得。不論這些代言人的人格特質是甚麼，或者有沒有缺點，古今中外，他必是一個有領導能力與魄力的人，這是共同與基本的特性。以上這樣的說法是一種參考，它雖然也有理論的深厚基礎，但缺乏對於社會特性以及人們如何做選擇的描述，對我們了解台灣或宜蘭社會只是提供一個理論的想像。

在可見的未來，我不容易看到宜蘭人再次領導台灣發展的狀況，就像三、四十年前宜蘭的那種狀況一樣。宜蘭可能會在台灣大環境的場域當中被動地往前走，過去的宜蘭經驗在雪山隧道通車之後已經慢慢的模糊，就目前看來，宜蘭要在這個環境當中建立起新的經驗似乎是非常困難的事情。對於大部分鄉親而言，最基本與最卑微的要求，當然是就業和收入增加，如果這個需求滿足了，事實上宜蘭有沒有新的經驗並不是重要的事情，歷史與社會就是這樣在往前邁進當中。但我所看到的是如果沒有新的方向與經驗，就業與收入增加並不是那麼容易的事情，甚至有可能會有更不好的狀況。在這個前提下，這場社會運動要帶鄉親北出雪山並不只是讓宜蘭榮耀不要式微，而且是

要創造出一個新的方向與經驗，更重要的是讓宜蘭的民生有一個更好的發展條件。究其實，我的治縣方略一開始就是要徹底改變宜蘭的經濟發展，讓基層有更豐富的收入。這個北北基宜經濟生活圈的設置過程中，貨自然出得去，人自然進得來，只是這場社會運動沒有喊出高雄這樣的口號而已。

新的宜蘭經驗必定建立在以下這樣的基礎上，就是宜蘭如何在雪山隧道通車之後走出一條新的道路，這一條道路除了讓全台灣人為之驚奇之外，它更把宜蘭過去的生活方式與文化轉型為一個具有強勢輸出能力的型態。而這時候的宜蘭除了冬山河與童玩節之外，需要有新的符號出現，在我的治縣方略中，這可能是海洋、北台灣夜間生活新場域或者心靈故鄉等等。代表一個社會的符號表面上看起來不能直接當飯吃，但事實上它是開啟新產業的引擎，我們所知道的巴黎鐵塔、吉隆坡雙子星或者德國黑森林等等就是這樣帶動產業的，宜蘭的冬山河與童玩節也曾經是這樣的符號。它有時候可以是一個很小的場域，例如瀕臨太平洋的小漁港或小火車站，如果有深厚的故事甚至文學訴說，在媒體創意當中很成功的傳播出去，它也可以變成宜蘭的符號並且帶動新型的產業。這看起來不是太大的事

2018年的蘭陽平原
那一年我們創造的一場社會運動

情，但在我看來必須重新調整宜蘭的生活韻律，特別是在政治文化上有所轉型，它才會在蘭陽平原當中孕育出來。全世界的知名城市都在塑造符號，它不是一件簡單的事情，符號表徵的是這個社會的生活底蘊以及到底有多少的創意能量。

宜蘭在雪山隧道通車之後，我們可以很清楚地看到創意能量持續的低落，這政府必須要負很大的責任。如果政治人物只會辦升旗典禮、吃拜拜、在街頭跳森巴舞或者發禮品給鄉親，蘭陽平原將隱藏目前看不到的巨大危機，這不只是榮譽感而已，而且是關係到民生的興衰起弊。

這場社會運動終究是落幕了，而且在政治結構上並沒有達成目標，雖然在政治文化上也許有些微的改變。北出雪山的隱喻除了是背水一戰的心志之外，它也是關於蘭陽平原發展的使命。在這個過程中，我以北出雪山作為治縣方略的大方向，並且在街頭演講中試圖說服我們的鄉親，其實內心明瞭這場運動是相當困難的。

以前三國時期孔明的六出祈山，其實他的內心已經知曉天下大勢將如何往前發展，他做的是他認為應該做的

事，他只是把他個人的使命完成而已。會不會有再出雪山，或者六出雪山呢？其實這已經不是我個人可以決定的，就今天的現代社會而言，事實上已經沒有英雄，因為在人們內心當中沒有誰是不能被取代的，也沒有一定要誰才可以做這件事情。如果北出雪山這個隱喻所表徵出來的內涵是適合宜蘭的，那重點就是它的理念與方向，因此再出雪山的動力也是這個理念與方向，並不是哪一個人，也許有更適合並且更有能量的人可以完成它。在這個看法上，我持續關心宜蘭是必然的，持續把我的理念與想法告訴鄉親也是必然的，因為如果未來的局勢允許蘭陽平原可能有她的轉變，找到可以帶領大家再出雪山的人，對於蘭陽平原也是一種使命。

六、落幕

　　2018年在蘭陽平原的社會運動已落幕，它是一個可以被訴說出來的圖像，這個圖像加深了我們對蘭陽平原的認識與期待。對於未來的有志之士而言，其所提供的敘事是理論上也是實際上的參考。

2018年我們在蘭陽平原所創造的社會運動已經落幕，我真的非常感激參與這場運動的夥伴以及認同這場運動的鄉親。我們雖然不一定在寫歷史，但至少一定會留下痕跡。我知道在這兩年的過程中，有一些朋友並不認同我的想法與做法，但政治上的選擇已經過去，我希望這些朋友現在可以用比較持平或者理性的態度來看待這件事情。我的朋友們啊，懇請你們不要再這樣說——早就知道不會成功，何必當初。尊重每個人的選擇就是尊重你自己，擱置自己的執著，事實上就是給社會一個機會。

　　我們每個人都在寫自傳，並且在往生的時候才會知道這個自傳是甚麼。在歷史的洪流當中，也許不會有人知道你的自傳是甚麼。同時也存在這樣的事實，知道自己自傳是甚麼的人，古今中外是寥寥無幾的，因為大多數的人並無法活在當下，無法在每個當下串起自己的生命故事。這場社會運動是一些人的共同記憶，所以請鄉親尊重這場運動，就如同我尊重陳歐珀與林姿妙是可以做縣長一樣。在做同樣一件事情的時候，每個人的角度與利害關係不一樣，有的人會在社會理念上多一點，有的人會在集團的利益上多一點，有的人會在個人的考量上多一點，這都是人生的寫實，也都是社會的現實。這場運動雖然沒有照亮蘭

陽平原，但至少一些鄉親知道在這平原當中曾經有人在做大家認為不可能的事情，曾經有人的意志與堅持感動到了一些鄉親。

也有一些人選舉沒有成功，他們沒有說他們是在從事社會運動，沒有說他們的理想改變不了宜蘭，也沒有透過回憶錄的方式訴說著他們的歷程，為甚麼我在這裡做了這些事情，這又是憑著甚麼？他們其實也可以這樣做，而且也應該這樣做，如果他們可以訴說出來的話。如果在事後都無法把理念和過程透過自己的敘述交代出來的話，那表示只是為了選舉而選舉，或者根本就不知道自己在做甚麼。這場社會運動除了要對社會交代之外，更重要的是要對自己交代。為甚麼是社會運動？其實我可以用盡辦法在政黨裡面爭取出線或者換一個戰場，也可以用盡手段向企業界尋求支持，但我自始自終都沒有這樣的想法與作為，反而用更辛苦以及更沒有成功希望的方式來進行，這裡面的堅持其實很多鄉親都有感受到。在某種程度上讓一些鄉親感受到這個堅持，其實它已經構成社會運動的基本條件，更何況在整個過程上，這個堅持在蘭陽平原中一直牽制著兩黨政治的勢力。雖然在最後並沒有達成目標，但這並不表示這個堅持在蘭陽平原不曾存在過，也並不表示認

▲圖(十五)　未來的路，會在蘭陽平原持續延伸著。

同這個堅持的一些鄉親在蘭陽平原不曾存在過。

　　這場運動從蘭陽平原的民怨開始，這也在訴說著改變一定會發生，就如同我在前面已經敘述的。如今，民進黨政權已經下台，原來的民怨呢？難道教訓了民進黨，原有的問題就已經消失或者被解決了。表面上看起來是一個新的局面，但這些問題仍然存在，並且可能會再加深或者衍生出新的問題。一些鄉親期待林姿妙上台可以解決農地問題，因為他們覺得她會大幅度開放農地的使用方式，但這不是開放就可以解決的，這涉及到蘭陽平原新的農業政策問題，其所牽連的層面事實上是整個宜蘭定位的問題。這個定位如果不先處理，開放了這個必然衍生出那個問題，並且會有激烈的衝突。交通問題仍然在那裡，並且因為中央地方的雙重領導，它可能會更加難以處理。另外就業與低薪的問題也會持續加深，因為傳統政治人物通常不會積極去處理這些問題，相反地會以補助的方式對民怨加以安撫。這也涉及到財政的層面，在可見的未來，我們可以看到的是歲出與歲入的差距會因為政策的關係而持續擴大。當然還有社會、教育與文化等等的問題，它們仍然存在於蘭陽平原中。但我在這裡敘事這些東西，不是希望宜蘭會變成這樣，只是在提醒鄉親與政治人物應該更加用心來處

理這些問題，期盼人民有著更好的生活。

這場社會運動也起因於鄉親對兩黨惡鬥已經很厭煩，這是真實的狀況，只不過鄉親也還習慣於兩黨政治。鄉親內心其實是處於矛盾狀態，並且在大環境的結構之下，每到選舉就要被考驗一次。政黨的競爭原本是民主政治的常態，也是社會進步的發展動力。但台灣特殊狀況下的政黨競爭過於激烈，也過於對立，鄉親長期下來已經有看不下去的感覺。2018年的競爭已經告一段落，未來會如何發展呢？我相信在2020年的選舉中，政黨對決可能會是空前的激烈，蘭陽平原也會在這個漩渦之中前進。就我已經在內文中所訴說的，兩黨政治在台灣應該已經是一個相當固定的結構，未來四年的蘭陽平原鄉親會持續看到政黨的激烈競爭。其實在2018年選舉完之後，政黨已經開始在布局未來兩年與四年的選舉，可以看見的是縣政府不會是一個平靜的縣政府，而是一個帶著選舉步伐的機器。蘭陽平原很多的關鍵問題應該不會有時間被處理，但可能會有一些小確幸出現，這大致是未來發展的可能。不過我衷心的期望，主要的政治人物可以在未來的四年當中攜手合作，看能不能把宜蘭羅東的鐵路高架化有所啟動，這是大部分宜蘭鄉親的訴求，也是二、三十年來一直沒有被解決的問

題。西部縣市一個建設動不動就好幾百億，而且一直在持續當中，宜蘭二、三十年來的這個建設應該被公平的重視，宜蘭鄉親應該團結起來一起向中央表達強烈主張。

　　從事這場社會運動的夥伴都已經回到各自的生活職場，為自己的經濟在打拼著，我很懷念與感激他們。這是一個情義的結合，大家都沒有選舉的經驗，雖然過程中意見有所不同或者不盡人意的磨合，但大家在明知不可為而為之的情況下一起奮鬥，沒有資源、沒有利益之下不離不棄，確實是一件不容易的事情。雖然有本書「失敗就是力量」講得很好，但我知道要了解這個意義的人並不多，它源自西方存在主義一個很核心的概念，而且道理有點與東方的佛道思維相通，就是擺脫束縛自己的習慣與執著就會看到真實的自己，只不過東方是在覺悟的修行上進行，而這本書隱喻的是一個人在不斷失敗的情境當中發現一個人原來可以一無所有，並且看到一個從未被自己看到的自我而已。一般人不會為了要看見自我而想不斷地失敗，一般人有時其實對失敗是無法忘懷的。我希望我的夥伴可以有新的境界，至少在這場運動當中獲得別人獲得不到的體悟。這場運動已然失敗，我知道有些朋友覺得惋惜，有些朋友覺得就是失敗，有些朋友覺得何必當初，但不管如

何，我跟我的夥伴在人生當中不會忘記這個過程與情義。

這場社會運動所訴求的理念在未來會持續在蘭陽平原中傳播，作為一個大學教授並且曾經在土地上努力過的人，只要還在蘭陽平原中生活著，必然會持續關心這塊土地的發展。在這場運動結束後，一些朋友也建議我要持續加油，要繼續為宜蘭努力。理念是一定會存在著，關懷的心也會一直在這平原中，只不過要以甚麼形式來進行已經不是我個人可以決定的，但至少會跟一些對宜蘭發展有看法的朋友一起提供建言。一場社會運動的興起必然會有它的土壤與條件，這土壤與條件不會在任何時候出現，它也可能在特定時空存在之後又會消失，在這種狀況之下，因應而生的社會運動便隨之而結束。未來會不會再有類似的社會運動產生，要端看有無新的土壤與條件產生，在那時候新興的社會運動也會有不一樣的形式與理念，如果有新的人群發動這個運動時。

有人會說選舉就選舉，為甚麼要說成是一場社會運動。但我要跟鄉親說，很多鄉親已經看到我用不同的選舉風格與方式在說服鄉親，當選舉可以不一樣時，它就已經接近一場社會運動。這裡面更存在一個關鍵，很多鄉親也

看到我想在關鍵時刻給宜蘭一條新的發展方向，這個新方向涉及到一個基本邏輯，就是在解構現有政治勢力的同時訂定出宜蘭發展的新總體規劃，這是政策、團體與個人利益的重新整合，最終期盼宜蘭有一個新的政治、社會與文化秩序，這就是社會運動。鄉親在這裡可以看到這是一件非常困難的事情，以傳統選舉的看法與手段並無法達成這個目標，因為這只是很習慣的政權更替而已，大家也已經看了很多了。宜蘭在雪山隧道通車之後，要達成這個新方向的奠立，只有透過一場社會運動才可能達成，當然它是結合政治表現的方式。我來從事這場社會運動也不是偶然的，因為我在歐洲所學的理念帶有他們過去左派的特色，它從馬克思經過法蘭克福學派到法國社會學家的看法。在他們看來，理論就是實踐，我希望我對當今生活秩序的社會科學看法不是只在大學的教室裡面談談而已，而是與我所生活的社會一起論辯和實踐。至於這場運動有沒有力道，我在前面內文裡面已經訴說到，因著個人以及環境的原因，它的力道是不夠的，它並不算是一場成功的社會運動。這裡指涉的是成功不成功的關鍵不只是在結果，更重要的是它在發展過程中的力道不足，還沒有撼動到蘭陽平原的生活習慣。

我不是一個傳統的政治人物，也不是以政治職務維生，當然自己也有自己的工作。這對於一般的政治經營來說，其實是非常不利。我很清楚如果長期經營一個地方，我們鄉親最後一定會認同，至少是會同情的。我如果是以政治職務維生的人，可能早在十年前就投入選舉了，一方面要為鄉親做事情的機會可能會更順暢，但我可以預期的是我的包袱可能越重，視野可能越窄，這並不是我想要的。記得我年輕的時候鼓起勇氣離開台灣去看世界，雖然前途似乎黯淡，但至少是自由的。之後回台灣工作以來，就是一直在處理職場中的問題，哪裡有問題需要解決，就會有人叫我去那裡處理問題，把這裡的問題處理完了，我通常就辭職離開。我沒有一直在選舉，反而這次是第一次選舉，這個歷程可能讓我在台灣社會很難真正的從政。當然這次如果成功，也許就會一直從政下去。因緣其實是有的，一個人如果不想獨善其身，也許會有政治之外的不同道路。以後，也許有需要我去解決問題的地方，我就會出現在那裡。寫到這裡，似乎我好像自我感覺良好，不是的，我只是在描述我過去的人生歷程而已。也許不會有人記得我，但在歷史當中往往被記得並且被歌頌的人其實並不多，特別在今天的社會中，會被記得的人往往是帶著批評色彩的。

蘭陽平原2018年的這場社會運動終究是落幕了，期盼鄉親可以擁有更順心的生活，蘭陽平原在眾人的齊心努力下變成鄉親的驕傲。我的夥伴們，你們一定會有更豐富與深刻的人生。我們不會忘記我們在蘭陽平原的那一年，2018年。

國家圖書館出版品預行編目資料

2018年的蘭陽平原：那一年我們創造的一
場社會運動／林信華著. -- 初版. --
臺北市：五南, 2019.06
　面；　公分
　ISBN 978-957-763-443-6（平裝）

1.地方選舉　2.宜蘭縣

575.33/107.3　　　　　　108007886

4J2A

2018年的蘭陽平原
那一年我們創造的一場社會運動

作　　者 ― 林信華（141.4）

發 行 人 ― 楊榮川

總 經 理 ― 楊士清

副總編輯 ― 黃文瓊

責任編輯 ― 李敏華

封面設計 ― 姚孝慈

出 版 者 ― 五南圖書出版股份有限公司

地　　址：106台北市大安區和平東路二段339號4樓

電　　話：(02)2705-5066　　傳　真：(02)2706-6100

網　　址：http://www.wunan.com.tw

電子郵件：wunan@wunan.com.tw

劃撥帳號：01068953

戶　　名：五南圖書出版股份有限公司

法律顧問　林勝安律師事務所　林勝安律師

出版日期　2019年6月初版一刷

定　　價　新臺幣280元